Selling the moto

Manuel Vera López

DEDICACIÓN

Dedicado a mi familia, para los que haga lo que haya ya tengo la mejor imagen de marca posible, y que nunca dejan de creer en mí. Y también a mis amigos, los cuales entre risas y llantos nunca han dejado de apoyarme.

CONTENIDO

NOTA DEL AUTOR

Aprovecho para darte las gracias por comprarlo, y citaré a Stephen King en uno de sus libros: "espero que disfrutes tanto leyéndolo como yo escribiéndolo, y gracias por hacer que tu dinero pase de tu bolsillo al mío". Sinceramente, espero que estas páginas te sean de utilidad y que acabes contento.

1 INTRODUCCIÓN

¿Quién eres? No es una reflexión metafísica. Es una pregunta abierta, directa y sencilla (y un poco grosera). Suena mal, ¿verdad?

Pero lo cierto es que esta es la pregunta que todos se hacen sobre ti. Y me atrevería a decir, que es la misma que te haces sobre los demás: *¿Quién escribió esto? ¿Quién lo dice? ¿Qué ha hecho para que yo debiera confiar en él? ¿Por qué es un experto? ¿Por qué debo estar de acuerdo con él? ¿Con quién ha empatado en la vida? ¿Quién es él?*

Tirando de tópicos, **el mundo ha cambiado**. Nuestra vida ahora, está online. Conocemos gente, compramos, nos divertimos, buscamos, investigamos, aprendemos, vemos cine y series, leemos artículos, nos informamos, subimos nuestras fotos y las compartimos, buscamos trabajo e incluso anunciamos en nuestro estado que estamos en una situación sentimental "es complicado".

¿Nos damos cuenta de lo que estamos haciendo? ¿Nos

hemos parado a pensar la enorme cantidad de información que estamos regalando y que cualquiera puede encontrar?

Algunos lo llaman **el gran hermano**. Según ellos, es peligroso y algún día lamentaremos la pérdida de privacidad. Pero donde unos ven un problema, **otros ven una oportunidad.** Mirémoslo desde un punto de vista profesional: si aprendemos a manejarnos en esta nueva realidad, ¡podemos vendernos!

Estamos en un mundo increíblemente competitivo, en el que ser universitario o tener un máster (como antaño) ya no es una ventaja competitiva (ahora es una requisito indispensable). Por tanto, se nos plantean una serie de preguntas:

¿Cómo nos podemos diferenciar del resto? ¿Cómo puedo conseguir un trabajo entre tantos aspirantes? ¿Cómo puedo destacar? ¿Cómo puedo venderme a mí mismo entre tanta competencia?

La respuesta es corta (que no fácil): **diferenciándonos.** Las redes sociales y el acceso global a Internet nos ofrecen unas oportunidades increíbles. ¡Oportunidades que no existían hace diez años!

Hazte notar, que otros busquen tus opiniones, consejos y servicios. Si alguien busca a un profesional para un proyecto o trabajo, asegúrate que te encuentran. ¿Sabías que la mayoría de los departamentos de Recursos Humanos googlean a los candidatos en busca de quiénes son en realidad?

Véndete, habla de tu trabajo, habilidades, y de lo que eres capaz y puedes ofrecer. Controla la información que aparece sobre ti y gestionarla para potenciar tu imagen. Cómo si fueses un producto. Hazte un nombre. **Sé tú quien decide qué se responde a la pregunta "¿quién eres?"**

Esto es lo que llamamos Personal Branding, el camino que conduce a una impresión única e indistinguible.

Cada persona es una marca comercial. Incluso quién no quiere serlo, también es marca. Se trata de potenciarla o no.

Esta potenciación se realiza en el nuevo campo de batalla para esto es la **red social**. No sólo para empresas, también para personas físicas. Las redes sociales se utilizan para todo. La gente ha encontrado un medio de comunicación accesible donde expresar sus puntos de vista y opiniones.

El problema es que Internet se ha convertido también en una jaula de grillos, donde se conectan a millones de personas. Es el nuevo mundo, **lleno de caos**. Pero no se trata de controlarlo; **sino de adaptarse a él.**

Entonces, ¿cómo nos diferenciamos?

Eso es lo que vamos a hacer en este libro, explorar cómo construir nuestra propia imagen de marca personal de una manera honesta y sencilla, sin mentir Vamos a crear una estrategia de **Personal Branding**.

El Personal Branding o **Imagen de Marca Personal** es la traducción de la estrategia del social marketing de las empresas a una estrategia (basada en las nuevas tecnologías de comunicación) que el individuo realiza personalmente, para dar valor a sus cualidades y puntos fuertes, a su experiencia y a su especialización; consiguiendo así, diferenciarse del resto.

AVISO A NAVEGANTES

Antes de continuar, y ya que no quiero ningún malentendido, este libro **NO ES** una guía para aprender a mentir en Internet. **NO ES** un ramillete de consejos sobre cómo crear un personaje y fomentar la leyenda. **NO ES** destacar a base de hundir a los demás. **NO ES** un mantra para alimentar el ego personal en las redes, y por supuesto **NO ES** un manual de técnicas despreciables del Marketing Tradicional para timar y vender a ancianitos despistados.

Aquí vamos a ver cómo construir una marca personal de forma honesta, humilde, sólida, sin engaños ni exageraciones, para ayudarnos a diferenciarnos por las cualidades que nos hacen únicos y a darnos a conocer de una forma efectiva, buscando la superación personal continua.

¿QUÉ VAMOS A TRATAR EN ESTE LIBRO?

Vamos a centrarnos en las principales herramientas existentes en la red, con las que el usuario puede conseguir una diferenciación y una mejor potenciación de sí mismo, tanto a nivel profesional como de experto.

Antes de llegar a la guía para utilizar estas herramientas, indagaremos en la evolución del marketing en la última década, cómo surgió el fenómeno del social marketing y el Personal Branding. Tenemos que saber de dónde venimos para entender a dónde vamos.

De igual forma daremos unas "reglas de oro" para poder comunicarse en Internet con otros usuarios.

Mi forma de escribir (ya habéis visto un adelanto) es directa. Me gusta poner ejemplos, y ya os aviso que todos están basados en hechos reales, aunque he cambiado nombres, lugares y empresas. Son situaciones que o bien me han sucedido a mí, a compañeros de trabajo o son experiencias que me han contado algunos empresarios con los que he tenido la suerte de coincidir e intercambiar opiniones. También usaré puntualmente el estilo de Vallejo Nágera en su libro de "Cómo hablar en público": la Pregunta-Respuesta.

Gaby Castellanos (ésta sí, de verdad), gurú del Social Marketing, siempre afirma que lo principal al tratar estos temas es "el buen rollo". Dicen que el sentido del humor es señal de inteligencia... yo creo que lo hace todo más ameno y mejora la experiencia.

¿POR QUÉ SELLING THE MOTO?

En un mundo en el que cada vez usamos más anglicismos, un buen amigo me sugirió este título a forma de broma. Lo cierto es que después de pensarlo, me pareció muy interesante.

¿Quién no ha utilizado la expresión castellana Vender la Moto? Y cuánto daño ha hecho al marketing...

Vender la moto es mentir para dar valor y poder vender. Es destacar cualidades que no hay dar la vuelta a la tortilla para tener un argumento de ventas y manipular al cliente.

En este caso, la moto somos nosotros; pero al contrario que cómo se hacía tradicionalmente, lo que vamos a ver aquí es una forma honesta de potenciar nuestras habilidades, las que nos hacen únicos y por las que queremos que se nos reconozca.

2 EVOLUCIÓN DEL MARKETING

El Marketing ha evolucionado radicalmente en la última década. Un cambio que, cualquier persona de más de 25 años, ha experimentado.

¿CUÁL FUE EL PUNTO DE INFLEXIÓN?
Es complicado decirlo, y es diferente para cada país. Lo cierto es que podemos citar un antes y un después en el momento en el que el acceso a internet por parte del público general se hizo masivo. Con las primeras tarifas planas de datos y los primeros servicios de ADSL (de 128k, ¡qué recuerdos!).

¿QUÉ SUPUSO ESA MEJORA TECNOLÓGICA CON RESPECTO AL MARKETING?
Para poder responder a esa pregunta, tenemos que ver brevemente cómo era el marketing tradicional. El marketing tradicional se basaba en bombardear al Público

General con publicidad y promociones. Se trataba de crear una necesidad en el usuario para después ofrecerle un producto que la cubriese. A pesar de lo que digan los *"grandes gurús del marketing tradicional"*(o simplemente dinosaurios), las técnicas que usaba el marketing tradicional se basaban en la fuerza bruta:

"si vendemos a 1 persona de cada 100 que ven 30 veces nuestro anuncio, bombardeemos con él a millones de personas, miles de veces al día, en varias cadenas de televisión"

> (-otro gurú del marketing que así justificaba su sueldo de seis cifras).

O también:

"mandemos a 20 comerciales puerta a puerta a la misma zona 50 semanas al año; tarde o temprano caerán y además utilizaremos las técnicas para engañar a ancianitos como: su vecina ya lo tiene, es una oferta exclusiva que no tendremos la semana que viene y nuestra compañía sólo quiere lo mejor para usted (y que nos abra su cartera, claro)";

> (-el gran drama del comercial a puerta fría por comisión)

y por supuesto la clásica:

"(a las 4 de la tarde suena el teléfono fijo de su casa):
- Buenas tardes, podría hablar con la señora de la casa...
(...)
-... su número ha sido formado al azar por un sistema informático
(vaya suerte la mía, debería jugar a la lotería, ya que

esta es la vigésimo quinta vez que me llaman este mes)".

(- El curioso caso del tele operador y el teléfono aleatorio)

Estas técnicas de **martillo pilón,** están condenadas al fracaso, y lo único que hacen es crispar y hacer que el usuario odie cada día más a las empresas que las realizan. Al inicio de los tiempos, tenía sentido, no había muchos canales de comunicación y se usaban estas técnicas para hacer llegar **la existencia del producto** al potencial cliente.

Aunque en algún lugar del camino, todo se tergiversó, se magnificó y se convirtió en la lacra del Marketing. A los canales digitales ha llegado, lo llamamos **SPAM**. Ahora, los que nos dedicamos a esto tenemos que arrastrar la siguiente etiqueta:

"ten cuidado que ese trabaja en marketing, seguro que sólo quiere venderte algo"

El acceso a Internet ha supuesto el gran cambio. Ahora, el usuario, cuando tiene una necesidad busca en internet las posibles soluciones. Y no sólo busca productos, sino opiniones de otros usuarios, fotos, videos demostrativos, experiencias. Ya no vale decir que nuestro detergente es el que lava más blanco; porque nos metemos en YouTube y vemos cientos de videos de usuarios echando por tierra el anuncio del detergente.

El Gran Cambio, ha sido dejar de crear necesidades para pasar generar **visibilidad.**

VISIBILIDAD

Cuando una persona busca un producto para cubrir una necesidad, iniciará una búsqueda que pueda satisfacerla. Tan fácil cómo acudir a internet y abrir un navegador.

Encontrará cientos de productos que pueden valerle. Además, será una búsqueda proactiva. Leerá opiniones de otros usuarios y comparará precios en diferentes portales de venta. El resultado de esta investigación le dará una breve lista de **posibles**. Todo culminará con la elección y compra de uno de ellos.

A todo este proceso es lo que llamamos una **compra inteligente**. Es la que crea la relación más fuerte entre cliente y vendedor:

- **¿Por qué?**
- **Por encima de todo, el Ego (del cliente):**

"No puedo estar equivocado; Lo encontré por mí mismo después de una investigación muy cuidadosa".
Pero, ¿estás seguro? ¿100%? ¿En serio? El comprador ha hecho una **compra inteligente**, sin embargo, ¿no crees que las empresas ya saben cómo realizan sus clientes sus búsquedas? Por lo tanto, ¿no hay nada que puedan hacer para estar seguro de que el comprador les encuentre?

Sí, ese es el truco. No se trata de que el comprador busque al vendedor, sino que éste último se asegura de que el primero le encuentre. Esto es lo que se denomina **visibilidad**.

La visibilidad es la capacidad de una empresa para hacer que su público objetivo la encuentre cuando busca un producto o servicio que él ofrece.

Pero que aparezcan en los resultados de búsqueda del comprador es sólo la mitad de la fórmula. La empresa tiene que ofrecer al potencial cliente **información relevante** (como vimos antes: vídeos, imágenes, opiniones, etc.) y la posibilidad de un diálogo abierto (respondiendo a sus preguntas y dudas); todo lo que necesite en su compra inteligente.

Ya no es matar mosquitos a cañonazos, ahora se trata de encontrar el **misil de marketing inteligente** que vaya directo al potencial cliente sin causar bajas colaterales.

SEGMENTACIÓN

La segmentación supone realizar un trabajo de investigación y localización de tu público objetivo. Si tienes una granja con cerdos, gallinas y vacas; cada uno te da un alimento. Si estás centrado sólo en huevos, no recorras la granja todos los días molestando a todos los animales. Averigua dónde están las gallinas y dirígete específicamente a ellas.

Gracias a las técnicas de segmentación e internet, una empresita de 4 trabajadores puede realizar una campaña de marketing mil veces mejor que una gran empresa que se anuncie en televisión.

Comprar regionalmente ya no es necesario. La reducción de los costes y tiempo de envío; la visibilidad y la segmentación han conseguido que al usuario ya no le importe que su envío venga de Alemania, Taiwán o de la Polinesia, sino que llegue en 4 días.

¿Cómo se ha conseguido segmentar a través de internet?
A través de las **Redes Sociales**.

Las Redes Sociales son puntos de encuentro de usuarios. Millones de usuarios las usan al día, y hay decenas y decenas de ellas; cada una con un propósito específico.

La **globalización económica** también ha venido acompañada de una **globalización social**; en la que la persona busca estar en contacto con sus amigos, compañeros de trabajo, antiguos compañeros de clase, o simplemente para conocer a nuevas personas o ligar.

Es por eso, que el usuario que accede a una red social tiene que rellenar un perfil. Con una edad, un género, una foto, intereses, gustos e **inquietudes**. Y en la mayoría de los casos es información fidedigna, real y con la que buscan contactar con otras personas con sus mismos intereses, con perfiles parecidos y por supuesto poder ser contactados por otras personas.

Es decir, **es el usuario mismo** el que realiza la segmentación.

Nos vamos acercando al "meollo de la cuestión"...

Y algunas empresas, viendo que Era Bueno, dijeron:

"¿Por qué no usamos un plan de comunicación para llegar a esos usuarios a través de las redes sociales; no de empresa a usuario, sino de usuario a usuario? ¿Por qué en vez de venderles violentamente nuestro producto, no les damos contenido interesante sobre él? ¿Por qué no cambiamos nuestro objetivo a comunicarnos con el usuario y dejamos como secundario el vender? Y si vamos más allá... ¿por qué no fijamos nuestra misión en hacer ver al usuario (cuyos intereses personales, que él mismo ha marcado) puede encontrar en nosotros y nuestro producto la clave para hacer que un momento cualquiera se convierta en un momento único que haga irrepetible la experiencia y que desemboque en una búsqueda por parte del usuario para repetirla? ¿Por qué no hacemos una estrategia de Social Marketing?

Pues bien, esto es el Social Marketing; la última evolución del Marketing. Basado en utilizar las redes sociales para comunicarse con sus potenciales clientes; escucharlos, tener rapid feedback[1], saber lo que quieren, resolverles las dudas y no bombardearles con precios o promociones; sino estar ahí para él; para que cuando el usuario quiera satisfacer su necesidad, **nos recuerde**, y nos compre a nosotros. Y qué mejor canal para ello, que las Redes Sociales, en las que una empresa puede interactuar de tú a tú; sin máscaras, sabiendo que si mienten, **están perdidos**.

Todo esto, ¿cómo se relaciona con la Imagen de Marca Personal?

Si traducimos todo esto que ha pasado a nivel empresarial al usuario; nos damos cuenta de que el usuario puede utilizar los mismos canales y las mismas reglas para diferenciarse del resto.

El Marca Personal es al Social Marketing, lo que el Coche es al Autobús. Lo mismo, pero a escala individual

Ya nos vamos metiendo en materia. Ahora que tenemos las manos en la masa, pasemos al siguiente capítulo.

---

[1] Información sobre el hecho al instante

3 LA IMAGEN DE MARCA PERSONAL

La Imagen de Marca Personal, o Marca Personal es el **valor** que una persona proyecta de sí mismo sobre los demás. Es una cuestión de **percepción**: ¿cómo nos ven los demás? ¿Qué **impresión** (si es que dejamos una) tienen las demás personas sobre nosotros?

Consiste en proyectar una serie de valores y aptitudes; **relevantes, ciertos** y que ayudan a potenciar los puntos fuertes del individuo, dando lugar a una diferenciación con respecto a otras personas.

La relevancia es algo relativo, y dependerá de la situación. Es decir, si eres diseñador gráfico, no es relevante la habilidad para montar en monociclo con los ojos vendados mientras haces malabares con las dos manos. Esta habilidad será relevante si te dedicas al mundo del entretenimiento infantil.

A pesar de esto, nunca se debe despreciar ninguna habilidad que se tenga a priori; ya que siempre pueden ayudar a la diferenciación de algún modo (a humanizar más al individuo, a transmitir emociones, contar historias sobre uno mismo, etc.).

AVISO A NAVEGANTES

Aquí estamos tratando la Imagen de Marca Personal para **el ámbito profesional**. No tiene sentido tener Marca Personal en el ámbito familiar, de pareja o simplemente, personal (vida privada). La Marca Personal se utiliza para el ámbito profesional, mayoritariamente. A priori, a nadie le interesa que duermas abrazada a un osito (a no ser que seas un concursante de Gran Hermano. Ni vas a venderles una imagen a tus padres de persona respetable, de confianza y que trabaja en equipo (ellos te han criado, lo saben todo de ti y te quieren incondicionalmente; que es la diferenciación máxima que se puede alcanzar: ser único para alguien).

Las personas somos Marcas Comerciales unipersonales.

A nivel profesional, si queremos potenciar nuestra marca personal, tenemos que tratarnos como **si fuésemos una marca comercial**; y tratar siempre de generar valor real (no inventado). Tenemos que conseguir que a nuestra *"marca"* se asocien valores y aptitudes positivas, que nos hagan deseables y respetables.

Cuando te diferencias lo haces porque quieres ser más *"atractivo"* para otras personas o empresas. Cuanto más único eres, y mientras más útil para esas otras partes, mayor será tu condición de irremplazable.

Ejemplo:

Eres un ingeniero especializado en la compra de materiales tecnológicos de doble uso (lo mismo van en un satélite de GPS que en la mira laser de un misil intercontinental). Si te especializas en obtener las licencias de exportación de los países fabricantes (EE.UU. y UK), y lo das a conocer transmitiendo cierto nivel de experiencia; para tu empresa, será cada vez más difícil prescindir de ti, porque "no hay muchos como tú". Aumenta tu valor "imprescindible".

Por tanto, la primera pregunta que hay que hacerse es:

Esto que voy a hacer, **¿favorece o empeora mi Marca Personal?**

Veo que un lector ha alzado la cabeza y levantado la mano... Creo que quiere preguntar algo:

PREGUNTA: Todo esto suena a que hay que, *"callar mucho"*, *"deformar la realidad"*, y si no te gusta usar la palabra *"mentir"*, digamos "maquillar la verdad".

RESPUESTA: Entiendo que muchos lo vean de esa forma. El título del libro, como decía en la introducción, es una crítica sarcástica a los "vende motos", que no tienen problemas en "maquillar la realidad" y adaptarla a sus necesidades para manipular a los demás.

La imagen de marca, lo que trata es de que potenciarte a ti, sin tener que recurrir a técnicas de manipulación. Potenciar a través de cualidades innatas o que se hayan adquirido a lo largo de los años. Una imagen de marca bien construida, de forma honesta y humilde nos va a ayudar mucho. No sólo a encontrar un trabajo mejor o a ser más valorados en nuestro entorno profesional; sino a conocernos mejor.

Quizás debería añadir una segunda parte a la pregunta

de *"¿favorece o empeora mi Marca Personal?"*, que sería: **"¿es real, o me lo estoy inventando?"**

PREGUNTA: Pues yo por el método tradicional he encontrado un buen trabajo y estoy muy bien valorado en mi entorno profesional.

RESPUESTA: Me alegro mucho, no todos lo consiguen. De todas maneras me gustaría dejar una pequeña reflexión para que todos la piensen para sí mismos. Si con los medios tradicionales, alguien consigue estar bien valorado, ¿a dónde llegaría si tuviera más alcance y utilizase las nuevas tecnologías? Es decir, ¿y si además tuviera una Marca Personal y una reputación en Internet?

AVISO A NAVEGANTES

Aquí no se trata de criticar los medios tradicionales que usa la gente para diferenciarse. No se trata de glorificar la imagen de marca personal y decir que todo lo demás no vale. Esto es una herramienta más, perfectamente compatible con todo. Es más, si no hay detrás un trabajo duro, un respeto profesional en su entorno o una autoestima fuerte, esto es humo en el aire.

Todo lo que hemos hablado está muy bien como teoría. ¿Qué tal si vemos un ejemplo dónde se vean todos estos conceptos?

LOS PRIMOS DEL VINO

Juan y **José** son dos primos (de sangre) que han vivido juntos desde los 18 años, han estudiado lo mismo (enología) y tienen los mismos intereses.

A priori, tienen el **mismo perfil sobre el papel**: edad, género, estudios, idiomas y experiencia laboral.

Ambos acuden a ferias internacionales del vino, a catas, a viñedos repartidos por la geografía hispana y resto de Europa. Siempre al acecho y buscando saborear (con sus paladares expertos) nuevos elixires de Baco[2]. A ambos les gustan estas experiencias, tanto a nivel personal como profesional. No sólo catan, sino que las viven íntegramente. Se mezclan, comentan, conocen gente, se divierten, toman fotos y lanzan darditos de amor a las azafatas.

Juan tiene un blog, que ha titulado "El catador peregrino"; en el cual, cada vez que acude a un evento, publica una entrada. En esa entrada no sólo cuelga fotos, sino que da sus opiniones sobre las novedades que ha encontrado, resume el evento, da referencias y hace recomendaciones. Además **contesta consultas** y tiene un **diálogo** abierto con sus seguidores.

Además, a través de su Twitter, **comparte contenido** sobre sus experiencias y participa en el evento de forma activa, proporcionando toda la información que puede.

José no tiene blog, ni Twitter.

Ambos, José y Juan, publican en sus muros de Facebook las fotos pre, durante y post evento. Ambos son jóvenes y extrovertidos, pero de mal beber, y siempre acaban publicando fotos de sus fiestas y en un estado etílico

---

[2] También conocido domo Dionisio; Dios del vino, inspirador de la locura ritual y el éxtasis (estado de plenitud máxima).

*preocupante. Juan y José publican todas las fotos, pero Juan sólo deja que sean visibles a los que no son sus amigos íntimos fotos relativas a la parte cultural del viaje; es decir, las bodegas el entorno, fotos de las botellas, de los asistentes y alguna de él mismo en actitud profesional. José no tiene ni idea de lo que es **la privacidad en las redes** y lo no le importa quién lo vea.*

*__¿Cuál es la diferencia?__ ¿Acaso Juan es más profesional que José como catador? **Pues no.** Los dos acuden a estos eventos porque les gusta personal y profesionalmente. Los dos quieren aprender y expandir sus conocimientos, y los dos tienen una capacidad similar para catar los vinos. Y por supuesto, los dos se emborrachan, salen de fiesta y buscan el amor puntal en terreno ajeno.*

Ahora, ¿qué pasaría si una bodeguera estuviese buscando un promotor para sus vinos y les llegase el currículo de cada uno? Pues si a la empresa le diese por hacer una búsqueda de la imagen pública de sus candidatos encontraría las siguientes diferencias:

*Juan y José viajan mucho a lugares de toda Europa para ir a eventos relacionados con el vino. Pero, Juan da la impresión de que viaja para estar actualizado y ser un buen conocedor del sector. José en cambio parece estar más preocupado en la parte lúdico-festiva. Uno es un **profesional sacrificado** y el otro un **niño mimado** que sólo busca diversión.*

*Mientras **Juan comparte** sus conocimientos, tiene seguidores y se comunica con ellos, José no existe. De **José, nada constructivo**, sólo sus publicaciones en su muro con comentarios como "cómo se sube el Xerez este".*

*Juan transmite seriedad y profesionalidad, y por ende, **es un experto.** José es irresponsable, y no sería capaz de hacer su trabajo.*

Sin embargo, ambos se van de fiesta, ambos toman

fotos de todo y con todos. Misma capacidad profesional y misma forma de comportarse después de los eventos. ¿Cuál es la diferencia?

*Juan lleva a cabo una **estrategia de Marca Personal**; en la que separa los momentos de ocio o personales de su vida pública o profesional. Potencia su vida profesional, aportando valores, contenido relevante y veraz. Su vida privada, la tiene oculta del mundo público, que para algo, es privada.*

¿Si usted fuera el bodeguero, a quién contrataría?

Este quizás es un ejemplo extremo, pero sirve para ilustrar el potencial de la Marca Personal.

A continuación veremos unas reglas de oro para quién quiera trabajar su marca personal.

4 LAS REGLAS DE ORO

Grábalas a fuego, porque son muy importantes para llevar a cabo una estrategia de Marca Personal.

1ª SER EDUCADO. La educación es básica. Dar las gracias, y pedir las cosas por favor no van a matarnos. Esto, que es algo muy básico, no todo el mundo lo pone en práctica. A lo mejor será por la necesidad de ahorrar tiempo (*gracias* y *por favor* necesitan de mucho tiempo para ser escritas); o que al utilizar como herramienta el móvil o la tablet nos hemos olvidado de las formas y vamos directamente al contenido. Tonterías, **es simple mala educación**.

Hace no mucho, me llegó el correo de una estudiante de máster que estaba realizando un trabajo sobre el mercado cárnico en el Reino Unido. En 2012 publiqué una nota sectorial sobre dicho mercado para la oficina comercial del ICEX en Londres. La estudiante me contactó para "pedirme" ayuda. Voy a copiar el mail íntegro:

Buenas tardes

Soy R.S., alumna del Máster XXXXX.

Junto con mi grupo de trabajo estamos realizando el proyecto fin de máster sobre una empresa cárnica española (especializada en carne de pollo), Grupo YYYY, que quiere exportar a Reino Unido y hemos visto un informe sobre este sector realizado por ti.

Nos gustaría hacerte unas preguntas con la finalidad de poder realizar el trabajo con la mayor exactitud posible:

1.- Operadores logísticos del sector alimentario en Reino Unido.

2.- Listado de empresas españolas cárnicas que exporten a Reino   Unido.

3.- Agentes comerciales (o forma de contactar con ellos) en Reino Unido que trabajen con este tipo de empresas.

Y en general, nos sería de gran utilidad cualquier información acerca del sector cárnico (y en concreto, carne de pollo) en Reino Unido.

Un saludo.
RS

Hagamos uso de la siempre, bien socorrida, **inteligencia emocional.** Como nota puntual, el que aquí escribe, no es una persona especialmente vanidosa (es más, acabé contestando el mail). He estado en su situación y sé lo difícil que resulta que te ayuden. Total, eres un estudiante sin "impacto" ni "marca personal".

Analicemos. La persona que escribe está pidiendo información a alguien que no conoce; que ya no trabaja para el ICEX y que puede estar ocupado en mil cosas. ¿Por qué habría de utilizar su tiempo, el recurso más preciado, en responder? ¿Era este mail la mejor manera de conseguirlo? ¿Sin un triste "por favor" o un "gracias de antemano"? ¿Tú les ayudarías?

EXIGIR-EXIGIR-EXIGIR → *NO*

EMPATIZAR - SOLICITAR – AGRADECER → *SÍ*

2ª NO CRITICAR.

Hago una matización. **No criticar si no se aporta contenido**.

Se puede participar en un debate, y criticar algo de **manera constructiva**. Más que críticas, se deben exponer **inquietudes**; para que la otra parte no se sienta atacada. Le estás haciendo ver tus recelos, lo que "no te cuadra", pero de una manera en la que también dices "explícamelo", "háblame".

Esto es **comunicación emocional:** no insultas, no atacas, no eres agresivo; simplemente, tienes inquietudes y quieres que te den otros puntos de vista. Estás abierto a opiniones diferentes y quieres escucharlas

Cuando se critica por criticar (el típico: "eso está mal", "no tienes razón", etc.), lo que se está haciendo es decir inconscientemente (o conscientemente): *"no tienes ni idea, yo soy más que tú y lo haría mejor"*.

Además, la crítica por la crítica nos hace pensar: "¿y a éste, quién le ha dado vela en el entierro?".

Criticar cuando conectamos con otras personas para hacer **Networking**, colaborar o darnos a conocer es la forma más rápida de conseguir una opinión negativa. Y al contrario que físicamente; a través de la Red, esa es una persona que has perdido para siempre y que jamás volverá a perder el tiempo en leerte o responderte.

Pondré otro ejemplo personal. En una web de comercio exterior que seguía, un lector escribió un comentario (muy educado) preguntando algunas cosas que no le habían quedado claras sobre un artículo.

El autor le respondió de buena manera y de forma también educada. ¿Fin de la historia? Pues no.

Resulta que este lector había preguntado dónde encontrar más *Biografía,* en vez de pedir *bibliografía.* El autor, al contestarle, tuvo el mismo lapsus lingüístico.

No sólo ellos, sino los demás lectores lo entendimos. Sabíamos a qué se refería. Es un fallo que puede ocurrir y no es un atentado contra la lengua castellana. Pues bien, un tercero, escribió el siguiente comentario:

M.S: "No sabes redactar muy bien y confundes palabras como biografía cuando quieres decir bibliografía"

Para poneros en situación, esta es una página que publica guías para procedimientos relacionados con el comercio internacional. Son entradas gratuitas, y además, el autor responde consultas (de manera altruista también). El comentario de MS, ¿era necesario? ¿Le aporta algo? Si algún día MS tiene alguna consulta, ¿creéis que se merece que el autor la conteste?

Por favor, sed constructivos y no critiquéis. Buscad el diálogo y exponed vuestras dudas de forma honesta, pero sin faltar a nadie. Pedid que os expliquen en vez de querer quedar por encima.

3ª ANTES DE ACTUAR, PENSAR.

Es un hecho, el ser humano es impulsivo por naturaleza. Es la forma educada de decir que hay más tontos que botellines. Solemos soltar lo primero que se nos cruza por la cabeza. Lo que en la vida diaria es conocido por tus amigos como **"espontaneidad"**, en el mundo digital es la **"autoinmolación"**.

Volvemos a lo anteriormente visto. En un grupo de amigos, podemos decir auténticas "burradas". Pero son nuestros amigos, nos conocen, saben que no somos así o que estamos bromeando.

En Internet, el sentido del humor se pierde y el mensaje se distorsiona.

Esta regla no sólo vale si emitimos opiniones que llevan implícitas una clave de humor. Vale para todo. Antes de escribir o contestar hay que reflexionar y hacerse las dos preguntas claves:

1. *¿Favorece o empeora mi Marca Personal?*
2. *¿Es real o me lo estoy inventando?*

Si tienes dudas, ya tienes la respuesta. Al menos, dale un poco de reposo. **Medítalo,** y si es de noche, **consúltalo con la almohada.** Cuando llega la noche, el cerebro está cansado, y no regula bien. Lo que a última hora del día puede parecer un comentario ingenioso, a la mañana siguiente se revela como un **arma de autodestrucción masiva. Y una vez lanzada... no hay marcha atrás.**

4ª SER ASERTIVO

La asertividad es el arte de negar dando la razón. Es ser confiado en un planteamiento sin ser ni parecer arrogante. Mantener tus convicciones sin ser agresivo.

Como es un concepto un poco complejo, vamos a poner un ejemplo que lo va a ilustrar de manera sencilla:

David va al restaurante con su prometida Carla. Pide un chuletón muy hecho. Cuando el camarero le sirve la comida, David ve que su comida está cruda. Y le pide al camarero que se la lleve y la hagan un poco más. En ese momento el camarero sorprende a David con el siguiente comentario:

- *Es usted muy exquisito, el filete está en su punto.*

David puede contestar de las siguientes formas:

A: ¿Cómo ha dicho? Quédese su comida, nos vamos.

La cita se acaba, el momento se arruina y termina todo de malos modos.

B: Su opinión me importa una m***. Me trae el plato como lo he pedido

David se muestra dominante y agresivo. Un macho alfa. El camarero le volverá a traer el plato, pero al igual que los huevos kínder, esté traerá una sorpresa, y seguramente no sea agradable. ¿Se arriesgará David a comerse el chuletón?

C: Bueno, déjelo, me lo como así.

David se muestra sumiso. Está pagando por comer algo que no quiere. Ante una provocación se muestra débil.

Transmite mala imagen a su prometida.

D: Tiene usted razón, soy muy tiquismiquis; pero si no le importa, le agradecería que me lo hicieran un poco más (a esto le añade un tono tranquilo, que no rompe el ambiente, no es agresivo ni sarcástico).

David ha sido asertivo. Ante una agresión injustificada, se ha mostrado calmado, la ha sabido manejar. Ha dado la razón al camarero, que se irá contento y no le escupirá en la comida cuando se la traiga. No se ha mostrado ni débil ni sumiso. Ha dado la razón, pero se ha mantenido en sus trece.

Como la gente incumple la regla de ser educado; nos podemos encontrar en situaciones y ante reacciones que no entendemos. Hay que buscar evitar la confrontación, pero sin dejarnos avasallar. No sabemos si esa persona está teniendo un mal día y es algo puntual (al camarero pueden haberle comunicado que lo despiden al final de la semana).

Ser asertivo es mejor que quemar el puente para siempre.

5ª NUNCA MIENTAS

Esta es la más importante. Mentir te puede salvar hoy, pero te enterrará mañana. Pan para hoy, hambre para mañana.

Potenciar una imagen personal de marca mintiendo es un error. Porque cuando se descubren las mentiras (y se acaban descubriendo), nadie vuelve a tomar en serio al mentiroso (menos a los pseudo periodistas deportivos... por alguna extraña razón sus seguidores viven para alimentarse de sus mentiras).

Internet no es como mudarse de ciudad (en la que puedes empezar desde cero). Internet te persigue, y la mayoría de los comentarios y mentiras se quedarán para siempre publicados en ella.

Un amigo mío me dijo una vez que él fue testigo de cómo una mujer irrumpía en la oficina de la inmobiliaria en la que él estaba para ver unos pisos. Ella gritó que este hombre era un mentiroso y un canalla. Que no había legalizado el contrato de alquiler ni depositado la fianza, teniendo ella que pagar una multa a la Administración por haberse desgravado el alquiler. Este señor, el de la inmobiliaria, prácticamente la forzó a marcharse, amenazándola con llamar a la policía. La señora abandonó el local a grito de *"sinvergüenza, me has jod* la vida"*.

Mi amigo se sorprendió, y le dijo al vendedor que antes de firmar nada, iba a buscar más referencias de su inmobiliaria. Resultó ser cierto. A muchos antiguos inquilinos les habían prometido y asegurado que regularizarían el contrato y depositarían la fianza; con lo que podrían desgravarse el alquiler en sus declaraciones de la renta. Sin embargo, todos se encontraron con que no lo habían hecho.

Me confesó mi amigo, que lo que más le chocó fue cómo llamaban sinvergüenza al de la inmobiliaria; que él se moriría de vergüenza si eso le pasara a él delante de sus propios clientes.

Si caes, y mientes puntualmente; hay que tener una **actitud de prevención**. Antes de que se den cuenta, **pide disculpas**, sé humilde y honesto. Reconocer que te has equivocado no te hace más débil, todo lo contrario, merece mucho respeto.

5 NETWORKING

La Marca Personal se trabaja de forma individual, pero se pone en práctica en un terreno plural y colectivo. Nunca vamos a poder diferenciarnos de forma exclusiva en un campo de experiencia o trabajo. Lo importante es estar bien situados en ese terreno y además, **ser social**.

A pesar de la capacidad de comunicación de las redes sociales, la mayoría de los usuarios se limitan a "gritar", y rara vez a "escuchar".

La estrategia de Marca Personal no puede basarse en el "yo-yo-yo"; sino en un "yo-vosotros-nosotros".

Es decir, responde a la idea de:

¿Qué me diferencia a mí? ¿Qué puedo aportaros y qué podéis aportarme? y *¿Cómo nos relacionamos entre nosotros?*

Precisamente, es esta última pregunta, la que da lugar a la creación de Networking.

Tenemos que hacernos la siguiente pregunta: **"¿De qué sirve potenciar nuestra marca personal si no tiene repercusión?"**

Es una ecuación muy simple. Cuanto mejor es nuestra imagen personal y más contenido ofrecemos, más interesante resultaremos para otras personas. Al final, ese interés se convierte en un seguimiento. Ese seguimiento nos permite descubrir a otras personas similares a nosotros, con las que congeniamos, podemos colaborar y encontramos sinergias.

P: ¿Por qué es importante el Networking?
R: Nos abre puertas. Contactar con gente afín a nuestras inquietudes y nuestra experiencia profesional permite tener acceso a información que de otra manera no tendríamos. Y además, nos permite participar en el debate.

P: Pero, si quiero diferenciarme, ¿no debería huir de gente con mi mismo perfil?
R: Nada más lejos de la realidad. Ya nadie escucha al *ermitaño solitario soltar su discurso desde su atril cada vez que baja de la montaña.* Potenciar nuestra marca no significa aislarnos y ser una referencia exclusiva; sino ser una referencia precisamente porque se está bien relacionado; se participa en los debates, se comparte material, se colabora y se conoce el entorno.

Si miramos la realidad del mercado laboral, veremos que la mayoría de las empresas son **pequeñas empresas** (menos de 10 personas), **micro pymes** (menos de 4) e incluso **nano pymes** (1 ó 2 trabajadores). Cuando surge una oportunidad laboral en una de estas empresas, lo que primero se hace es preguntar a los trabajadores o resto de socios si conocen a alguien que dé el perfil. El porcentaje de estas empresas es siempre superior al 80% (incluso en algunos países, como España, son más del 95%).

Sabiendo lo anterior, si estamos bien relacionados en nuestra área profesional, somos participativos, dialogamos, debatimos de forma constructiva y conseguimos tener un buen número de contactos; ¿será **más fácil o más difícil** optar a un puesto de trabajo, una colaboración o una oportunidad comercial?

Esa es la esencia del Networking, y es uno de las ventajas de trabajar la imagen de marca personal, que lo aumenta. No se puede ver al resto que también trabaje en su marca personal como competencia, sino como colaboradores y gente imprescindible con la que tenemos que estar en contacto.

Cuando ahora veamos las principales redes, veremos qué clase de Networking puede surgir de ellas y veremos cómo trabajar esas redes para crear interés hacia nosotros (ya os adelanto que el secreto está en **crear y compartir contenido relevante e interesante**).

P: ¿Es difícil crear Networking?
R: Me gusta esta pregunta porque me permite repetir lo que ya he dicho antes (y volveré a decir después): mientras seamos honestos, no engañemos y nos esforcemos un poquito de forma diaria, NO nos resultará complicado.

6 INICIANDO LA ESTRATEGIA DE IMAGEN DE MARCA

AVISO A NAVEGANTES

No pretendo tener la única verdad ni ser un gurú. La guía que vamos a ver es una forma práctica de elaborar e iniciar una estrategia de Marca Personal. Hay muchas otras formas y cada maestro tiene su librillo. Lo que pretendo es dar una serie de herramientas y dar unas indicaciones sobre cómo usarlas a personas que parten desde cero. Cuando más se empieza a trabajar este campo, más herramientas y mejor manejo de ellas se pueden hacer. Es como andar en bicicleta, aprender a montar no es lo mismo que ganar el Tour de Francia.

Hasta ahora hemos visto una **panorámica general** del

estado del marketing actual, la nueva corriente de Marketing Social, la Marca Personal y cómo se relaciona con el Networking.

Ha llegado el momento de meternos en materia, y empezar a diseñar y poner en práctica una **Estrategia de Marca Personal.**

Antes de empezar, hay que hacerse las tres preguntas siguientes (y meditarlas):

1. ¿Qué tengo en estos momentos? ¿Estoy en alguna red? ¿Cómo estoy actuando en ellas? **(situación de partida)**

2. ¿Qué quiero llegar a ser? ¿Cómo quiero que se me vea en el futuro? ¿Qué espero conseguir? **(largo plazo)**

3. ¿Qué resultados me gustaría obtener en un año? ¿Qué creo que puedo conseguir? **(corto plazo)**.

Recuerda, que dependiendo de cuáles sean los objetivos, tendrás que utilizar con mayor o menor intensidad las herramientas que veremos en este libro.

Por favor, los objetivos **realistas y acordes a su potencial.** Mejor quedarse cortos que establecer unos tan imposibles e irrealistas que nunca se cumplan (eso sólo genera frustración). Groucho Marx decía: *"...la felicidad está hecha de **pequeñas cosas**: un pequeño yate, una pequeña mansión, una pequeña fortuna..."*

ELEGIR LA AUDIENCIA

Esta es la parte más delicada de la estrategia. Es una

pregunta que sólo tú puedes responder.

La elección del público objetivo no quiere decir que te vayan a seguir de inmediato. Lo que nos facilita es determinar a quién le va a crear material relevante, con contenido. Como hemos dicho antes, si el contenido es bueno, con el tiempo, empezará a ser valorado y consultado. Además, el público objetivo también es fuente de información.

Antes de nada, es necesario centrarse y determinar el objetivo último. Veamos el escenario más común: **cuando el objetivo es encontrar trabajo** (o aumentarlo).

A la hora de buscar trabajo, la primera pregunta que ronda la cabeza es si debo o no crear mi propia empresa. *¿Trabajo para mí o para otros?*

Si la respuesta es **trabajar pata ti mismo,** el público o audiencia coincidirá con los clientes potenciales por un lado; y los profesionales de los sectores complementarios, por el otro. Estos profesionales podrán ser útiles si se necesita subcontratar o buscar negocios conjuntos. Por ejemplo:

Si quieres montar tu propia granja ecológica, debe conectarse a los abogados especializados en legislación productos frescos. Su conocimiento puede ayudarle.

Si **quieres estar al servicio de los demás**, el público debe ser, (en su mayoría) expertos en el mismo campo, aunque sean de diferentes sectores. Por supuesto, clientes del sector, fuentes de información y empresas que operen en él. Nos interesa saber todo lo que se cuece. Por ejemplo:

Si somos un profesor de música; otros expertos serán otros profesores (sean o no de música). De colegios, institutos y universidades de todos lados. Además, intentaremos estar al tanto de las tendencias. Leeremos revistas especializadas y seguiremos a las administraciones públicas. El objetivo es estar actualizados en técnicas de enseñanza y noticias en la educación; así como las vacantes en las escuelas privadas y la Administración.

Hay más escenarios:

¿Quién?	Audiencia	Objetivo
Estudiantes de Universidad	Maestros, profesores, otros estudiantes, expertos multidisciplinarios	Nuevas tendencias, becas, colaboraciones, trabajos de clase, material educativo.
Estudiantes de post grado	Colegas de profesión, profesores, expertos del sector y de sectores complementarios.	Primeras relaciones profesionales y búsqueda de experiencia en un sector específico.
Buscadores de trabajo	Departamentos de recursos humanos, gente con inquietudes parecidas en la misma área de trabajo. Fuentes de información de empresas privadas y de información sobre el sector.	Mostrar talento. Aprender sobre las técnicas de reclutamiento, tendencias y oportunidades laborales.
Trabajadores públicos	Otras administraciones públicas, funcionarios y compañías. Otros trabajadores del mismo sector.	Ayudar. Informar sobre oportunidades del sector público o que encuentren las administraciones. Cambios en normativas.

Un ejemplo muy práctico:

Quién	Audiencia	Objetivos
Entrenador personal	Usuarios de gimnasios. Centros Fitness de su región y otros puntos del país. Expertos y marcadores de tendencias en el Fitness. Revistas y blogs especializados.	Promocionarse a sí mismo. Encontrar clientes en usuarios y centros Fitness. Ganar reputación como buen instructor. Conocer las tendencias locales y extranjeras del sector. Que su futuro empleador piense: "es un experto, un buen profesional, y estaríamos contentos de tenerle con nosotros)

AVISO A NAVEGANTES

Hay una última cosa que es vital saber sobre esto. Necesitas posicionarte. Esto significa que no puedes ser amado por todos. Es imposible. Dentro de tu audiencia, se encuentran muchas personas que, aunque tengan inquietudes parecidas, piensan diferente a ti. No se debe cambiar lo que quiere decir (o lo que no se dice), porque pueda molestarlos. Es imposible buscar una reputación sin posicionarse o tomar partido en alguna cuestión. Recuerda las reglas de oro de las que hemos hablado. Pero ten en cuenta, que tendrás que defender su posición, y la mayoría de las veces, será imposible complacer a todos.

7 PREPARACIÓN DEL MATERIAL PREVIO

Ya has establecido tus metas y fijado tu audiencia. Ahora es el momento de ponerlo en práctica. Antes, preparar el material que necesitamos para comenzar.

FOTO PÚBLICA

Sólo se puede dar una primera impresión una sola vez. ¿Cómo quieres que sea? Es de suma importancia elegir una buena foto de perfil. Será la primera impresión, la portada de nuestro libro, nuestra introducción. Una mala, creará antagonismo inconsciente.

Consejos para esa foto pública:

Sé natural:
Sonríe sin exagerar, no cruces los brazos ni uses gafas de sol. Y por supuesto viste normal, nada estrafalario.
Al tomar una foto, pide ayuda a tus amigos. Simplemente que te acompañen. Es mejor divertirse con ellos haciendo estas cosas e incluso hacer bromas. Un

ambiente relajado es mejor y ayuda a desconectar. ¿Sabes por qué? Porque así la foto será de verdad natural. Querrás parecer feliz. Y la mejor manera de parecerlo es serlo.

Ser accesible:

No se deben cruzar los brazos. Da la impresión de rechazo; de no estar contento con aceptar desafíos, personas o situaciones nuevas.

Sé fiel a ti mismo:

Tienes que encontrar tu propio estilo y ser leal a él. Por supuesto, si su objetivo es trabajar para una gran empresa, tal vez sea mejor opción que la foto sea de cuello blanco, con un cierto código de vestimenta. Pero recuerda: tu marca personal depende de ti, y sólo de ti.

Si te sientes mejor con un traje, llévalo. Si por el contrario es una chaqueta militar y un sombrero de fieltro, ¡adelante! Te pongo un ejemplo: Hank Blank (haz una búsqueda en Google sobre él). Es uno de los mejores maestros de la "auto-comercialización" que he conocido. Tiene su propio estilo, y sin embargo no parece menos profesional. Eso sí, sabe muy bien llegar a su audiencia. Recuerda que a veces una foto creativa deja una impresión más fuerte que una foto correcta.

No la falsees

Lo más importante en la foto eres TÚ, no el lugar donde se toma la fotografía. Eres lo que importa; quieres que la gente se centran en ti, no en las vistas.

Puedes usar Photoshop, pero no demasiado. Y nunca para falsear la imagen; simplemente ajustar el brillo o el contraste. Acepta tu edad, tus arrugas y tus canas. Es una forma de mostrar que se está feliz con uno mismo. ¿Hay algo más importante acaso?

Pregunte a sus amigos:

Tomar más de una o dos fotografías. Intenta sacar tantas como puedas. Incluso aunque creas que has conseguido la definitiva. La parte divertida viene a continuación: dile a tus amigos que elijan las mejores. Correcto. No vas a ser tú; van a ser otras personas las que elegirán la mejor. Así emulamos el escenario real. Pregunta: "¿cómo se siente?", "¿cuáles son las sensaciones?", "¿sentimientos irracionales?", y muy importante: "¿qué te transmiten?". A veces pueden sorprender las elecciones de los demás; pero muchas veces son correctas.

¡Sonríe!

Tal vez lo más importante: ¡sonreír, sonreír y sonreír! Acostúmbrate a sonreír en las fotos. Hay que olvidarse de si se es o no fotogénico. Una sonrisa genuina no puede fingirse y sólo transmite valores positivos. Cada vez que veas una cámara, sonríe (menos en un funeral).

El Currículum Experto vs el Cronológico

El **currículum cronológico** se basa en enumerar de forma cronológica su educación y experiencia laboral. Se tiene que abarcar todo, lo que impide profundizar en los aspectos claves, impide *diferenciarse* del resto.

Por eso, tenemos que elaborar un **currículo experto**.

El currículum experto es más complejo. No es dar a conocer todo lo que se hay hecho; sino comunicar la experiencia en un campo determinado. Esto incluye la formación, publicaciones y experiencia profesional en dicho sector.

Se trata de contar una historia real y personal, que transmita sentimiento. No importa tanto el tiempo trabajado sino los proyectos realizados. Podemos decir que en un currículo experto se enseñan los retos a los que profesionalmente nos hemos enfrentado y hemos superado.

Problema: "Apenas tengo nada de eso (ni formación ni experiencia profesional).
Respuesta: "Apenas tiene nada de eso, todavía".

La imagen de marca personal no es algo instantáneo. Es algo continuado en el tiempo. Las carencias que se encuentran al redactar este currículo son los pasos que tenemos que seguir en los próximos años. Hay que cumplimentarlo.

Si falta experiencia profesional, puede suplirse con formación. Tanto de postgrado, como cursos online, como trabajos de investigación propios.

¿Qué transmite esto? Pues una persona que está preparada, que tiene inquietudes e interés y que está buscando una oportunidad. No es algo malo que transmitir, ¿verdad?

Si lo que nos falta es formación pero no experiencia, y hacemos hincapié ese saber hacer que se obtiene por trabajar día a día, estamos mandando un mensaje de "quiero aprender, especializarme; y estoy preparado para ello.

Incluso si no se tiene ni experiencia ni formación, pero sí interés, podemos construir positivamente.

Hay que aceptar que los resultados son a medio y largo

plazo. Aunque empecemos desde cero, ¿dónde estaremos dentro de un año? ¿y de cinco?

Paso a paso. De todas maneras, ahora veremos formas y herramientas para ir cumplimentando ese currículo para hacerlo atractivo.

El currículo experto es la base para el perfil público. A través de las redes sociales lo desarrollaremos. Más que lo que se escribe en él, lo que importa, y mucho, es demostrar que sea cierto.

DATOS DE CONTACTO

La vida pública es diferente a la vida privada. Pueden solaparse en ciertos aspectos, pero en general son dos aspectos que no deben mezclarse. Por lo tanto, tenemos que establecer unos canales de contacto públicos y reservar los privados para nosotros.

Básico:

Crear un correo público. Este es el correo personal de nuestra Imagen de Marca Personal, es decir, de nuestro "yo público". Hotmail no entra bien por los ojos. Muchos de los correos SPAM que recibimos vienen de ese dominio. GMX, Gmail, Yahoo, etc., son buenas elecciones. El de Gmail además nos servirá, además, para otras redes sociales, como Google+ o para acceder a las Webmaster Tools de Google (muy interesantes si tenemos un blog o una web y queremos tener estadísticas fiables sobre ellas).

Crear un usuario Skype. Hoy por hoy, el estándar para las video-llamadas.

Sé que es tentador ponerse de usuario un nombre en clave que sólo nosotros entendemos, es un chiste privado o un Nick que creemos es gracioso. Seamos serios, usemos nuestro nombre más el primer apellido; o los dos apellidos.

Extendido:

En vez de un correo como los que hemos visto antes, podemos comprar un dominio propio y crear nuestro correo corporativo-personal. (Cuidado, esto sólo vale cuando nos ofrecemos como profesional, o el domino de esa web está relacionada con el sector en el que trabajamos).

Número de teléfono público. Comprar una tarjeta con un número que dedicaremos exclusivamente al ámbito público. Es el que irá en nuestros datos de contacto; en el currículo y en nuestros perfiles. Es importante tenerlo siempre con nosotros, que esté operativo y que no dejemos escapar ninguna llamada.

8 REDES SOCIALES

Las redes sociales nos dan información muy importante en tiempo real. Gracias a ellas, podemos conectar con nuestros amigos o personas con nuestras mismas inquietudes.

Cuando estamos desarrollando nuestra imagen de marca personal es muy importante decidir a quién seguir y dónde. No todas las redes sociales tienen el mismo uso. Incluso una misma persona puede desarrollar diferentes perfiles en diferentes redes (una profesional y otra lúdica, por ejemplo).

Cada red se utiliza para un propósito determinado, con sus propias reglas.

¿Qué redes debemos elegir?

Depende de tres factores. El **público objetivo** o **audiencia** al que queremos llegar. **El contenido** que vamos a compartir y el **objetivo específico** de cada red.

Ya hemos visto como seleccionar el público objetivo. Las preguntas que tienes que hacerte para averiguar en qué eres bueno y qué tipo de de contenido puedes crear con la intención de compartirlo. Pues bien, vamos a ponerlo todo en contexto con la elección de las redes sociales. No te preocupes si no te suenan alguna de las redes que vamos a mencionar. Luego las veremos en profundidad.

Por ejemplo:

Si eres un fotógrafo especializado en bodas; es muy probable que tu público objetivo se encuentre en Tumblr, Flickr, Pinterest o Instagram
(contenido)

Si haces marroquinería para mujeres y quieres que tus potenciales clientas vean tus diseños, te interesa estar en Pinterest, ya que las mujeres representan el 80% de sus usuarios
(audiencia/público objetivo)

Si eres un director de logística que está buscando un nuevo trabajo en otra empresa u otro país. Tu red obligatoria es LinkedIn (red profesional)
(meta/objetivo específico)

Básicamente, todas las redes sociales se pueden dividir en tres grandes grupos:

- **Horizontales**: ofrecen interrelaciones generales.
- **Verticales por usuario**: centradas en una audiencia en particular.
- **Verticales por actividad**: centradas en una actividad o sector particular.

De esta clasificación, las tres más importantes son:

Tipo	Actividad	Nombre
Horizontal	Interrelaciones generales. Compartir todo tipo de contenido con todo tipo de propósitos	**Facebook**
Vertical por usuario	La audiencia son trabajadores profesionales. Gente que quiere promocionar, encontrar un trabajo, colaboraciones o negocios	**LinkedIn**
Vertical por actividad	Microblogging. Todo tipo de gente compartiendo en el mismo formato: mensajes de menos de 140 caracteres	**Twitter**

Vamos a ver los pros y contras de cada red y porqué debemos estar en ellas.

FACEBOOK

Facebook es una red social lúdica. Comenzó con el propósito de conectar a estudiantes de la misma Universidad. Más tarde evolucionó en un medio para conectar entre estudiantes de diferentes universidades y antiguos alumnos. Hoy en día es la red de contactos más usada del mundo.

Poco a poco, esta red ha ido cambiando y ahora también es un lugar donde las empresas intentan contactar con potenciales clientes (o actuales). De esta forma intentan entablar un diálogo y compartir con ellos contenido, promociones, eventos y actualizaciones de sus productos. Una forma de comunicación en tiempo real que permita la interacción en un contexto "peer to peer" (persona a persona).

¿Qué define a Facebook?

La principal diferencia es que el Usuario elige su entorno. Quiénes van a formar parte de su círculo de amigos. Esto quiere decir que para ponerse en contacto, se necesita la aprobación de ambas partes. El usuario de Facebook tiene en control de quién le sigue y qué puede ver.

Las últimas actualizaciones en las herramientas de privacidad, permiten al Usuario elegir entre diferentes grados de acceso a sus comentarios y publicaciones: amigos, conocidos u otros (este último grupo lo define el mismo usuario). Esto permite que sus publicaciones alcancen diferentes audiencias.

Facebook tiene el mayor número de usuarios de todas las redes sociales. El Usuario puede compartir casi de todo: video, imágenes, comentarios, encuestas, contenido de otros usuarios, enlaces o sitios externos. Además permite unirse a grupos, jugar aplicaciones o crear páginas (tanto de empresa como de personas y colectivos).

Pero, el uso de Facebook se reduce a dos cosas: compartir estados de humor y fotos (de fiestas, viajes o selfies).

La gran pregunta es: *"¿Es Facebook la mejor red social para potenciar la marca personal?"*

En el contexto de este libro, la marca persona está asociada a la vida pública y profesional. Facebook mezcla estas dos con la vida personal. Per se, no es algo negativo, ya que es un medio perfecto para compartir aspectos de nuestra personal que puedan empatizar con nuestros seguidores y reforzar nuestra imagen.

Pregunta: ¿No era una mala idea llevar a cabo una estrategia de marca personal entre nuestros amigos?

 Respuesta: No se trata de planificar y ejecutar una estrategia de imagen de marca entre tus amigos. Es para todas aquellas personas que van a intentar encontrarte en esta red. Una de las peores situaciones a las que se enfrenta un empleado se produce cuando sus jefes le encuentran en Facebook y le envían un requerimiento de amistad. *"¿Qué hago?"* Es una situación en la que no hay nada que ganar, pero sí mucho que perder. A no ser que estés preparado y tengas pensada tu estrategia de ante mano: ¿Qué voy a compartir y con quién? ¿Qué publicaciones puedo hacer públicas y cuáles no? ¿Me interesa que mi perfil esté disponible? ¿Qué puede hacer para ayudarme?

P: Si elijo tener mi perfil oculto, basta con decirle a quién me pregunte (y que no quiera agregar), decirle que no tengo perfil en Facebook. Muerto el perro, se acabó la rabia.

R: No es tan simple. Incluso si no tienes perfil en Facebook, todos creerán que sí lo tienes y que simplemente, no quieres compartirlo. Esto provoca dos reacciones. La primera es que empiecen a pensar que tienes algo que esconder (críticas a la empresa a sus espaldas); tienes aficiones y gustos no sanos (fumas, bebes todos los días o te gusta una fiesta más que a un tonto un lápiz). Y la segunda: *mi empleado no quiere ser mi amigo.* Y esta reacción, que no debería pasar del terreno profesional al personal, acaba afectando. El siguiente pensamiento es: *"no quiere ser mi amigo, seguro que tampoco le gusta la empresa y quiere irse de ella".*

¿Por qué usar esta red?

Hay dos motivos de gran peso. El primero lo hemos visto en la pregunta anterior. Los demás esperan que tengas un perfil en ella. Y la segunda; si eres inteligente, puedes usarla en tu beneficio para saciar la curiosidad de jefes, compañeros de trabajo y potenciales empleadores (sin renunciar a tu privacidad), controlando el mensaje que les quieres transmitir.

¿Qué información deberías compartir?

Si decides crear un grupo de contactos al que les vas a restringir las publicaciones, el primer paso es elegir qué tipo de contenido puedes compartir con ellos.

Una vez más volvemos a los objetivos que te hayas marcado en tu estrategia de imagen de marca. Recuerda las habilidades y valores que posees. Comparte contenido que ayude a potenciarlas. Por ejemplo, comparte noticias públicas sobre el sector en el que te mueves; para que tus jefes o el público en general, vean que, en tu tiempo libre dedicas tiempo a estar informado. Y que además, te apasiona tanto tu trabajo que incluso lo compartes con tus amigos.

Necesitas ser consistente, y publicar a estos grupos de forma regular y en horario fuera del trabajo.

¿Qué no puedes de ninguna manera compartir?

En tu círculo privado, haz lo que quieras. Son tus amigos por elección mutual. Te conocen y saben cómo piensas. Pero ese no es tema. La pregunta va en la línea de qué compartir públicamente (tanto en publicaciones públicas) como al grupo de contactos al que suministras información restringida.

Hay tres grandes temas tabús: religión, sexualidad y política. Si vives en Italia, añade el fútbol como cuarto tema tabú. Aunque pueda parecer hipócrita, no hablar de algo no es lo mismo que mentir. Nunca sabes quién puede leer lo que escribes, y si bien puntualmente puede ir en concordancia con tu actual compañía y clientes; en el futuro puede ser que no. No te cierres puertas y evita temas que puedan traerte agrias controversias sin ningún tipo de ganancia a cambio.

Básico, pero que muchos olvidan. No critiques a tu compañía o a tu jefe. Si lo vas a hacer en tu círculo interno, estate seguro que ninguno de tus contactos está relacionado con ellos.

Las maneras cuentas en las publicaciones dirigidas. Escribe sin faltas de ortografía, palabras acortadas y con educación.

La regla básica: **"si tienes dudas sobre una publicación, no la hagas"**.

Algunos consejos prácticos para usar Facebook como una herramienta en la imagen de marca personal.

Lo primero es definir los diferentes grupos de contactos que quieres tener: amigos (con los que compartir todo), conocidos, compañeros de trabajo, jefes, clientes o desconocidos. Es una tarea pesada, porque de primeras tendrás que clasificar a todos tus contactos.

Esta parte es crucial si quieres compartir tu perfil en Facebook públicamente.

Privacidad en las publicaciones: por defecto es mejor configurar que todas tus publicaciones sean vistas solo por tus amigos (o por el grupo, en jerarquía, más privado). Siempre puedes modificar la privacidad en una publicación, y hacerla visible para otros grupos o incluso pública (para aquellos que ni siquiera son tus contactos).

Restringe que te puedan etiquetar en fotografías si tu aprobación. Así como que las publicaciones de otros puedan aparecer en tu muro. De esta forma evitas que se filtren fotos tuyas al resto de tus contactos.

Cuando participes en publicaciones de otros, fíjate si tienen restricciones de privacidad o no (son sólo para ser vistas por amigos o son públicas). Cuando tú comentas las publicaciones de otras personas, aceptas la privacidad que ésta les haya puesto. Si son públicas, tus comentarios también lo serán.

Respeta la privacidad de los demás. Cambia tu configuración para nadie pueda ver tus conexiones (sólo las que tenéis en común).

Sé muy cuidadoso con las páginas "que te gustan". Muchas veces damos a me gusta por peticiones de amigos, y no nos molestamos en ver de qué tratan. Sin embargo, esa información es pública.

Para tener mayor control, no permitas que nadie

escriba en tu muro; sólo tus amigos)

Hay cientos de guías sobre la privacidad en Facebook. Lee al menos una.

Blindando tu perfil en Facebook

Entiendo que en estos momentos, a pesar de lo que hemos hablado en las anteriores páginas, estés molesto. *"¿Ahora tengo que empezar a hacer todo esto cuando Facebook solo lo quiero para mantenerme en contacto con amigos y para ligar?*

¿Es justo? Por supuesto que no.

Es increíblemente desconcertante cuando alguien que supone un conflicto de intereses, quiere agregarte como amigo. Los jefes lo saben; los clientes y compañeros de trabajo, también. Pero sin embargo, siguen haciéndolo.

Lo importante es recordar porqué lo hacen. Sienten curiosidad detrás de la persona con la que tratan profesionalmente. Puedes llamarlo cotilleo, también. De todas maneras, es un buen síntoma. Quiere decir que les importas lo suficiente para querer saber más de ti. No eres anónimo.

Pero admitamos, que sigue siendo una situación incómoda. Afortunadamente existe una solución muy elegante y simple: crea un perfil tuyo en Facebook sólo con fines públicos; y blinda del mundo exterior tu perfil personal.

Podemos usar nuestro perfil público con jefes, compañeros de trabajo, potenciales empleadores, clientes, distribuidores, proveedores, seguidores o cualquier otra persona que nos incomode agregar a nuestro círculo privado.

Si buscan y no encuentran nada, les lleva a sospechar. Pero si encuentran tu perfil público y les agregas; no van a seguir buscando. Además, si alguien que te gustaría añadir a tu otro perfil (el privado), encuentra el público, sólo tienes que redirigirlo. No perderás la oportunidad de contactar.

Lo único que hay que hacer es eliminar tu perfil privado del mapa, potenciando el público. **¿Cómo se hace?**

- Lo primero es ocultar tu perfil personal. Para ello, utiliza un alias como nombre de usuario. Este alias puede ser tu nombre de pila o un apodo que tus amigos conozcan. No uses apellidos ni un anagrama de ellos. No funcionan. Por ejemplo: *si te llamas José Nava Pérez, no creas que por poner Pepe NP, o Pepe Nape, PN o similar, no te van a encontrar. Porque son las primeras variaciones que buscaran.*
- En tu configuración de privacidad, elige no indexar tu perfil en los resultados de búsqueda. Ni que tampoco puedan encontrarte por el correo electrónico.
- Borra cualquier información referente a dónde vives, estudiaste o trabajaste. No añadas información de contacto, como teléfono, email o cuenta de Skype. Tus amigos ya saben cómo contactarte.
- Todas tus publicaciones con el filtro más restrictivo (sólo para amigos).
- Asegúrate de que no usas ese perfil para loguearte o trabajar en otras redes. Ni que tampoco pusiste un link a él en otras redes o blogs.

- Una vez bien atado tu perfil privado, crea uno público. Créalo usando una dirección de correo electrónico que cualquiera pueda tener.
- Para tu nombre de usuario usa tu nombre de pila y tus dos apellidos.
- Rellena todos los datos académicos y laborales.

- Rellena la información de contacto con las formas de contacto públicas que tengas.
- Deja que Facebook te indexe en el buscador, que cualquiera te pueda buscar, y que te puedan encontrar por tu correo electrónico.
- Incluye la dirección de tu perfil en Facebook como otra forma de contactar contigo.
- Todas tus publicaciones por defecto como públicas.
- Mantenlo actualizado y postea regularmente (en horario no laboral).
- Acepta a todo el que quiera agregarte.

Siguiendo estos pasos, cualquiera que te busque en internet encontrará el perfil público antes que el privado. Es más, si encuentran tu otro perfil, revisa tus configuraciones de privacidad, porque seguramente te hayas saltado un paso de los que hemos visto anteriormente.

TWITTER

Twitter es una red social basada en el microblogging. Es decir, mensajes cortos de un máximo de 140 caracteres llamados *tweets o tuits*.

Mientras que en Facebook decides a quién dejas entrar en tu círculo de amigos, en Twitter son los demás los que deciden si seguirte o no. No se tiene ningún tipo de control a no ser que tengas una cuenta privada en la que apruebes uno por uno a los que quieres que sean tus seguidores.

Que la información encontrada en Twitter sea relevante o no dependerá de la naturaleza de la persona (o institución) que tuitea y de veracidad (como si de cualquier otra fuente de información se tratase).

El potencial de esta red es ver en tiempo real *qué está pasando en el mundo*. Son los llamados *trending topics* o tendencias. Pueden ser a nivel nacional o internacional.

El funcionamiento de esta red es muy sencillo. Para acceder a información de nuestro entorno o sector se usa un sistema de etiquetas o **Hashtags.** Un Hashtag es una palabra clave o término que define la idea o la temática detrás de un tuit. Se reconocen porque llevan la "#" al inicio. Por ejemplo, para saber qué está diciendo la gente sobre la imagen de marca, puedes buscar tuits con el hashtag #marcapersonal.

Podrás ver todos los tuits que contienen esta etiqueta, además de quién lo ha dicho y cuando.

El otro gran carácter usado en Twitter es la arroba "@". Este símbolo se utiliza para mencionar a otro usuario (@nombredeusuario). De esta forma se puede invitar a conversar sobre un tema a un determinado usuario, sin que tengamos que estar por fuerza en conexión (ni le seguimos ni nos sigue).

¿Para qué se usa esta red?

Twitter se usa para compartir todo tipo de contenido. Especialmente ideas y estados de humor u opiniones sobre temas candentes. Por la longitud del mensaje, tiene que ser directo y muy conciso. Es una forma de mantener actualizado a tus amigos y seguidores sobre lo que estás haciendo en este momento.

A nivel profesional, Twitter ofrece acceso a información y a expertos internacionales de cualquier sector. Esto incrementa nuestra capacidad para estar al tanto de todas las novedades sobre todo lo que nos interesa.

Con una breve búsqueda, podemos tener cientos de fuentes, opiniones y noticias sobre cualquier tema.

Es una buena herramienta para detectar y tener acceso a personas importantes en nuestra profesión, líderes de opinión y opiniones de cualquier lugar del mundo. Recuerda lo que ya apuntábamos. Un experto no es un ermitaño, aislado de la sociedad. Es una persona muy bien informada, con conexiones y habilidades sociales.

Y todo esto, en tiempo real. Déjame poner un ejemplo relativamente reciente. Durante la Primavera Árabe (2011), la información oficial sobre lo que ocurría en el país estaba sujeta a la censura que establecía el gobierno. Sin redes sociales como Twitter, hubiese sido imposible para el resto del mundo tener una idea real de lo que estaba sucediendo. A pesar de que se intentó cortar el acceso a internet, pudimos obtener muchísima información gracias a tuits que incluían fotos, videos, sonidos y artículos. El mundo entero tomó consciencia de lo que ocurría en las calles: los disturbios, las cargas policiales, respuestas, incidentes y todo tipo de actualizaciones. Miles de personas, reportando en tiempo real, con mensajes cortos de menos de 140 caracteres. ¿No es increíble?

¿Qué información se suele compartir?

El contenido que se comparte es el mismo que en Facebook, solo cambian algunas reglas.

140 caracteres fuerzan a escribir información muy concisa y directa. Si se publica información que no es interesante ni cumple estas dos características, la gente no seguirá a ese usuario (e incluso los que ya lo hacen pueden acabar por dejar de hacerlo).

Si estas en esta red, hay mucho contenido que puedes compartir. Puedes tuitear enlaces a tus artículos o a otro contenido que hayas creado para otras redes: videos en YouTube o Vine; fotos de Instagram o Flickr; o diseños de Pinterest.

También puedes retuitear información y tuits de otros usuarios (RT). Retuitear es el equivalente a Compartir de Facebook. Si vas a usar información de otro usuario, acuérdate de mencionarlo en el tuit (usando la @)

Ojo, también es importante iniciar conversaciones y dialogar con seguidores y seguidos.

¿Qué no se debe hacer nunca en Twitter?

El principal peligro de Twitter radica en su propia naturaleza de mensajes cortos. Es muy fácil usarla para sacarte una espinita clavada. Caer en la tentación de vomitar todo tipo de basura es sumamente atrayente. No lo hagas. El anonimato que puede proporcionar Twitter lleva a mucha gente a expresar muchos sinsentidos e idioteces. Algunas veces, incluso **verdaderas atrocidades o comentarios inapropiados.** Si quieres usar Twitter para desahogarte, adelante; pero usa una cuenta con pseudónimo, nunca la que elijas para tu perfil público.

Muy importante: a veces, **lo bueno si breve, dos veces bueno**. Un tuit al día es mejor que muchos irrelevantes o una continua sucesión de retuits. Porque corres el riesgo de ser considerado como un "pesado" entre tus seguidores. Pueden dejar de seguirte o peor, esconder tus actualizaciones para que no les aparezcan. Y esto último es un peligro porque tendrás la falsa sensación de que importas (cuando tienes un número grande de seguidores) y serás incapaz de darte cuenta de que los has perdido. Es decir, tu mensaje, más que nunca, caerá en saco roto, sin posibilidad de volver a ganarte a esos seguidores. Estarás muerto en vida.

Nunca escribas **tuits de menciones**. Un tuit de menciones es aquel en el que sólo mencionas a muchos seguidores, con la intención de que te sigan o simplemente nombrarlos. En algunas ocasiones se pueden usar para dar las gracias, pero nunca para agradecer un retuit o que te hayan marcado uno como favorito. Suena a desesperación y están vacíos de contenido.

Las listas de Twitter

En Twitter puedes crear listas (públicas y privadas). Las listas que ayudan a agrupar tanto a tus seguidores como a las personas que sigues. Puedes clasificarlos utilizando tus propios criterios. Por ejemplo, puedes crear una lista llamada "marca personal" y añadir a esa lista todos los usuarios a los que sigues y te siguen que hablan de este tema. O puede crear una lista para los usuarios que son instituciones o empresas, y otra para usuarios que son personas físicas. El objetivo es agruparlos, para tener acceso segmentado a la información, sin que te pierdas ningún detalle.

Aunque las listas pueden ser públicas (y la mayoría de ellos lo son), mi recomendación es crear las siguientes listas privadas. Estas listas van a ser de mucha utilidad a la hora de ejecutar nuestra estrategia de marca personal:

- Seguidores.
- Gente a la que sigues y que quieres que se conviertan en tus seguidores. Con esta lista podrás ver qué están comentando y tuiteando de forma rápida. Así podrás retuitearlos, mencionarlos y participar en sus conversaciones (aquellas en las que tengamos algo que aportar y sean de carácter público, como encuestas o preguntas lanzadas a los seguidores).
- Mejores seguidores. Son usuarios que te siguen y que normalmente interactúan contigo.
- Expertos. Usuarios que conocen y comparten muy buena información. De esta forma estás al tanto y también puedes compartirla con tus seguidores.

Listar te ayudará a tener orden y a que no se te escape el buen contenido generado en tu entorno. Es una forma rápida de estar al tanto de lo que hacen tus seguidores y participar en sus publicaciones, aumentando el compromiso.

Los usuarios que interactúan contigo son buenos seguidores. Usando las listas puedes ver de forma separada sus comentarios y tuits; prestándoles una especial atención.

Todo lo que queremos es que nuestra opinión sea "escuchada y compartida". Por eso es muy frustrante cuando nadie comparte o comenta nuestras publicaciones; aunque sea el mejor artículo que hayamos escrito jamás. Y esto pasa porque para ser escuchado, primero hay que hacer lo propio. Si buscas compromiso de tus seguidores, debes tenerlo tú también con ellos.

¿Cómo incrementar el número de seguidores?

De alguna manera, incrementar el número de seguidores es la preocupación número uno de los gurús del marketing. Lo cierto es que el número de usuarios no importa, sino el nivel de compromiso. Recordemos la segmentación y preguntémonos qué es más importante, si tener miles de seguidores de todo tipo, o pocos, pero de nuestro público objetivo.

La forma más habitual de las empresas es comprar los seguidores. Literalmente pagar a otras empresas para venderles seguidores "huevo". Un seguidor huevo es un usuario ficticio de Twitter, creado ex proceso por compañías que venden usuarios para incrementar el número de seguidores de sus clientes. Son usuarios que no generan ningún tipo de contenido y que simplemente.

La otra técnica más usada es la de empezar a seguir indiscriminadamente a un alto número de usuarios, esperando que ellos, a cambio, te sigan. Una vez que lo hacen, les dejas de seguir.

Estas dos formas anteriores son las más utilizadas pero las más inútiles. Es una estrategia horrible que no te recomiendo. Recuerda, más vale poco pero fiel, que muchos pero indiferentes.

Es cierto que crear contenido de calidad no es suficiente para conseguir más usuarios. Hay tantos, que conseguir que ellos sepan de tu existencia es casi un milagro. Pero hay unos trucos o pasos que puedes seguir:

- Empieza por identificar y seguir a las entidades y empresas que son fuentes de información de tu sector. Usa los Hashtags para encontrarlos.
- Busca entre los usuarios que siguen a estas cuentas a aquellos que son como tú (tienen preocupaciones e intereses semejantes a los tuyos). Síguelos.
- Interactúa con ellos. No sólo se trata de marcar como favorito o retuitear sus comentarios; sino iniciar un verdadero diálogo.

- Si empiezan a seguirte, mantén el contacto. Si los seguiste no era para ganar usuarios, sino porque de verdad tenían algo que aportarte.
- Sigue a quién de verdad te siga.
- Repite este ciclo con los seguidores de tus seguidores

Crea tu propio Hashtag

Si el contenido que sueles comentar o tu campo de trabajo se presta, puedes (y debes) crear tu propio Hashtag. Una frase o un **lema**[3] **que nadie más use.** Te ayudará a tu estrategia de marca personal y te diferenciará. Tiene que ser fácil de recordar y lo más corto posible; pero con un mensaje concreto e identificable.

---

[3] Un **lema** en la Marca Personal es un slogan que te define. Lo qué eres y lo qué ofreces. Tu filosofía. Es corto y único, y transmite todos tus valores. Por ejemplo, y tengo dos: *"controla tu presente, diseña tu futuro"*. El Segundo es un derivado de una frase de Aníbal: *"encontrando caminos o creándolos"*.

LINKEDÍN

LinkedIn es una red social enfocada al uso profesional y laboral. En esta red, profesionales de diferentes compañías y sectores pueden ponerse en contacto, con el objetivo de potenciar el networking. El usuario crea una página personal en la que puede reflejar su experiencia, formación e inquietudes profesionales. Decir que es un currículo online sería quedarse corto, porque va mucho más allá.

El usuario puede aportar todo tipo de información profesional relevante. La información principal es la relativa a la experiencia profesional y la formación. Cada campo que se introduce permite una descripción en la que detallar en qué consistía, responsabilidades o contenido.

Además se pueden añadir proyectos, en los que especificar con qué otros mientras se han realizado, enlaces y funciones de cada uno. Publicaciones, intereses, recomendaciones de antiguos jefes o clientes, habilidades (que pueden validar otros usuarios), grupos a los que sigue y todo tipo de material multimedia (videos, enlaces, fotos, documentos, presentaciones, etc.).

Desde el punto de vista de la imagen de marca, es imperativo tener un perfil aquí.

LinkedIn ofrece la posibilidad de conectar con profesionales y expertos de cualquier sector, y de cualquier lugar del mundo. Es la herramienta perfecta para hacer networking; y como vimos antes, esta es una de las prioridades en la estrategia de marca personal.

¿Qué otras funcionalidades ofrece LinkedIn?

Las principales opciones que nos trae esta red son cuatro La primera la hemos visto antes: **crear un perfil profesional.** Con este perfil se puede empezar a disfrutar de todas las ventajas y todo lo que LinkedIn puede ofrecernos. Es el paso necesario para empezar a contactar con otros profesionales (enviando solicitudes y aceptándolas).

LinkedIn también permite la creación de grupos de discusión. Estos grupos pueden ser públicos o privados (son visibles, pero se necesita la aprobación del administrador para entrar). En estos grupos puedes encontrar gente de tu sector hablando sobre problemas o temas de interés del día a día. Los más grandes están relacionados con la búsqueda y oferta de trabajo.

Pero esta no es la única forma de acceder a ofertas de empleo. La búsqueda de **ofertas de trabajo** es la tercera funcionalidad más importante de esta red. Las compañías pueden publicar ofertas de trabajas. LinkedIn las indexa y el usuario puede buscarlas a través de palabras claves. El usuario puede clasificar las ofertas por país, ciudad, sector o por compañías.

Además de saber la empresa que publica la oferta, el usuario puede ver qué otros usuarios están relacionados (trabajan actualmente o lo hicieron en el pasado) con ellas. De tal manera, que una buena opción es contactar con ellos para pedirles asesoramiento a la hora de mandar la candidatura.

La última de las cuatro funcionalidades básicas es la última añadida: los **Influencers**. Los influencers son líderes de opinión. Profesionales importantes del mundo profesional y de todos los sectores que ofrecen publicaciones periódicas (a modo de blog) a todos los usuarios de LinkedIn. Se pueden buscar por sector o por palabras claves. Se les puede seguir sin necesidad de agregarlos a nuestra red (aunque sea recomendable).

Esta función es magnífica y permite tener al momento la opinión y consejos de contrastados profesionales.

¿Qué hacer para tener cuenta potente en LinkedIn?

Lo primero es crear tu perfil en diferentes idiomas (tantos como aquellos que afirmes hablar). LinkedIn analiza el idioma y la dirección IP del otro usuario que va a ver tu perfil. Si tu perfil está en su idioma, se lo mostrará automáticamente. Si no, mostrará el que creaste por defecto. Te recomiendo que por defecto, lo crees en inglés.

También puedes añadir habilidades que otros usuarios pueden **validad**. Las habilidades también sirven como palabras claves de búsqueda para otros usuarios.

Se pueden pedir y dar recomendaciones a otros contactos. En el caso de que te las den, tú decidirás si quieres que sean visibles o no.

Otra función que encontraras en tu perfil es poder subir archivos a él. Sube tu currículo, presentaciones, carta de motivación, libros, videos o cualquier otro contenido profesional que no sepas dónde encuadrarlo dentro de las demás secciones.

En LinkedIn, tu perfil puede exportarse a pdf. Esto resulta muy útil para crear tu currículo en otros idiomas.

Y por supuesto, puedes integrar tus publicaciones en Twitter en tu perfil (y viceversa).

Reglas básicas en LinkedIn

Todas se resumen en dos:

- **Primera Regla:** para contactar con alguien que no has conocido previamente, incluye una pequeña presentación tuya en la petición sobre por qué quieres contactar con él. Mira este ejemplo:

"He estado vendo su perfil. Su trabajo y experiencia me resultan muy interesantes. Trabajo (o estoy

interesado) en su sector y me gustaría ser parte de su red de contactos y seguir sus actualizaciones"

"...Estaba buscando contactar con profesionales que tengan las mismas inquietudes e intereses que yo, y encontré su perfil. Le estaría muy agradecido si me añadiese a su red de contactos, y así, crear networking".

"...Leí sus publicaciones y estaría encantado si me añadiese a su red de contactos. Ambos trabajamos en el mismo sector, y considero que su experiencia y punto de vista merecen la pena".

Estás siendo educado y además, abriendo diálogo. No eres alguien que busca vender algo, sino aprender y contrastar tus opiniones con profesionales de tu mismo sector (o de aquel en el que te quieres especializar).

- **Segunda Regla:** LinkedIn es para tu imagen de marca personal, no de la empresa para la que trabajas. Es importante que conectes con personas con las que hayas tratado a través de tu trabajo; pero no contactes con otros sólo para venderles los productos de tu empresa. Eso es quemar tus naves. Veinte años atrás, los trabajadores se quedaban toda la vida en la misma empresa. Eso ha cambiado. Hoy estás en una, mañana en otra. No existe un puesto de trabajo para toda la vida. Hank Blank (un influencer en marca personal) dice: *"la única verdad que importa es que da igual dónde trabajes, lo que importa es tu carácter y tu imagen personal. Eso no pueden despedirlo. No debe disminuir, sino crecer".*

Consejos
- Ten tu perfil siempre actualizado
- Publica contenido profesional y noticias de tu sector.
- Encuentra y únete a grupos de tu interés (profesional y laboral).
- Si buscas un trabajo, únete a todos los grupos de búsqueda de empleo que encuentres. En ellos también estarán inscritos muchos reclutadores.
- Habla con tus contactos. Comenta en sus publicaciones y crea diálogo.

GOOGLE PLUS

Llegados a este punto, tenemos que preguntarnos por Google+. ¿No es una de las redes sociales más importantes?

La verdad es que no voy a perder ni un segundo en esta pregunta, y la resumiré mi opinión en la siguiente frase:

Google+ es una basura.

No hay nada que no puedas hacer en esta red que no puedas hacerlo usando Twitter, Facebook o LinkedIn.

Google+ es un intento desesperado de coger lo mejor de las redes anteriores y crear una nueva que las deje obsoletas.

Esta red es como el matón del cole qué siempre te quería quitar las estampitas o te tiraba al barro cuando llovía. Parecía muy fuerte, era un chulo, pero hoy por hoy, es un don nadie.

Si usas Android o Gmail, verás que cuando menos te lo esperas, "te han" creado un perfil en esta red. Es más, estoy casi seguro de que tienes uno, pero no lo sabes.

Google intenta por todos los medios forzarte a usar G+.

Y es una pena, porque Google tiene algunos servicios fantásticos, como *Adsense* (para meter publicidad en tu página o en tu cuenta de YouTube), *My Business* (para que tu negocio salga en Google Maps) o **Google Calender** (que puedes compartir con otras personas y estas llevarán tu calendario sincronizado en sus teléfonos).

Pero su red social es simplemente un ejemplo de arrogancia malintencionada. Es como el niño que se cree mejor porque su padre es un tipo famoso y rico.

Y Google lo permite. Hasta tal punto que publicando el mismo contenido en todas las redes sociales, la que tendrá mejor seo posicionamiento será el publicado en Google+. ¿Casualidad?

Este es el único motivo para usar Google+. **Todo lo que compartas en otras redes, compártelo también aquí. Es lo único verdaderamente útil que esta red puede ofrecerte.**

9 EL BLOG PROFESIONAL

EL blog es la herramienta perfecta para potenciar la imagen de marca personal. Es casi como tener una página web, donde puedes publicar sólo contenido generado por ti mismo; orientado a tus necesidades estratégicas. Hay muchos tipos de blogs: personales, anónimos, de varios autores, blogs que se nutren de entradas en otros blogs y el que vamos a ver aquí: el de **tipo profesional**. Usamos este blog para mostrar (profesionalmente) lo que sabemos. Piénsalo un momento. Tu carrera profesional, experiencia y habilidades pueden ser escritas en un par de páginas en el currículo. Pero, ¿cómo lo pruebas? ¿Cómo demostrar que lo que dices que sabes hacer es cierto? ¿Cómo convencer a alguien que nunca te ha visto trabajar (un reclutador, por ejemplo), que eres capaz de realizar el trabajo para el que están contratando?

La mejor manera es a través de tu blog profesional.

Ponte en el escenario en el que eres autodespachante de mercancía. Esta es una habilidad muy poco común y muy valorada por empresas con gran volumen de comercio exterior. Además, no es una experiencia fácil de adquirir. Sin embargo, con escribir en tu currículo puede no ser suficiente para convencer a un futuro empleador. Sin embargo, ¿y si usas tu blog para publicar una guía sobre cómo se hace? Ya no es una línea en una página, es un paso a paso que demuestra que sabes hacerlo. Estás contrastando lo que dices saber con lo que realmente puedes hacer. ¿No te diferenciará del resto?

Si doy todos los detalles de cómo hacer un trabajo, ¿por qué deberían contratarme en vez de usar mis artículos para formar a uno de sus trabajadores?
Mira el bosque y no el árbol. Nunca vas a dar todos los detalles de cómo hacer algo; sólo lo suficiente para hacer ver que sabes hacerlo. E incluso si los das; y otros empiezan a usarlos para realizarlo ellos mismo; tú sigues ganando.

Los que lo hacen por sí mismos, no te iban a contratar de todas maneras. Pero vas a ganar reputación. Vas a invertir en ti mismo. Al inicio vas a tener que sacrificar parte de tu mejor trabajo y exponerlo. Pero te ayudará (si es verdaderamente bueno), a convertirte en una referencia.

Publicar artículos, guías, manuales, trabajos de investigación o simplemente consejos, es una manera muy convincente y poderosa de promocionarte y crear relaciones.

Para aquellos que arrastran el problema de falta de experiencia laboral, (acaban de terminar la universidad o se están iniciando en un nuevo sector), crear un blog es una forma de entrar en el juego. Poco a poco, hablar de aquello en lo que te estás (o quieres) especializarte. Un ejemplo de cómo el blog ayuda a esta falta de bagaje:

- *¿Cuál es tu área de especialización?*
- *Diseñador gráfico*
- *¿Puedes hablarme de tu experiencia profesional previa?*

A: (sin blog): *He estado desempleado los últimos dos años / Acabo de terminar mis estudios y estoy buscando mi primera oportunidad.*

B: (con blog): *Durante los dos últimos años he estado trabajando por mi cuenta, intentado crear trabajos mientras buscaba algo más estable. Puedes examinar mi trabajo en mi web / Aunque acabo de terminar mis estudios, empecé a compartir mi material y trabajos mientras estaba estudiando. Tenía muy claro que no quería esperar a terminar de estudiar para empezar a trabajar. Puedes ver mi trabajo en...*

Un efecto interesante al escribir un blog es que te fuerza a mejorar y ser mejor. Tienes que examinar las fuentes que utilizas y seleccionar las mejores. Además empezarán a preguntarte (comentarios y correos). Esto te creará un cierto nerviosismo al inicio. Estás siendo contactado para dar tu opinión y defender tu trabajo. Aprendes a desarrollar confianza en ti mismo y a investigar y especializarte más y más con el objetivo de estar seguro de lo que dices.

Hay muchas herramientas online con las que podremos crear un blog. Las más potentes y conocidas son Wordpress, Blogger (Google) y BlogSpot (Hispavista). Todas son muy fáciles de manejar e intuitivas. Traen asistentes de configuración, plantillas, temas, estructuras y widgets. No es necesario ser un experto para crear un blog de aspecto profesional. Los blogs te permitirán insertar contenido de todo tipo: documentos de texto, presentaciones, hojas de cálculo, videos, imágenes y muchos más.

Como cualquier otra arma en tu arsenal de imagen de marca, el blog tiene una serie de características que debes conocer:

Ser paciente. Un blog es una carrera de fondo. Es una maratón con obstáculos que debes sortear. No esperes resultados inmediatos o en un par de meses. Al principio tendrás muy pocas visitas.

Relevancia. Necesitas escribir artículos. Pero no importa la cantidad, sino la calidad. El contenido tiene que ser interesante y bueno. Es lo que atraerá visitantes.

Opiniones personales. No uses nunca tu blog profesional para dar opiniones personales sobre política, religión u otras cuestiones sociales. Para esto puedes crear un blog personal, pero nunca uno profesional. Sí puedes, y debes, contar cómo solventaste retos profesionales, experiencias y los sentimientos que te crearon. Humaniza tu trabajo, para que otros empaticen profesionalmente contigo.

Actualizaciones. Mantén actualizado el contenido que ya hayas publicado. Si es necesario, escribe artículos actualizándolo o puntualizando cambios que se han dado. Por ejemplo en temas legales.

Publicaciones. Necesitas tener una periodicidad en las publicaciones, ya sea semanal, mensual o cada equis tiempo.

Moderación de los comentarios. Los comentarios son buenos, no los filtres, ya sean de ánimo o de críticas. Te dará credibilidad y la oportunidad de profundizar en algunos temas. Sin embargo, revisa los comentarios antes de que se publiquen. Es una medida para evitar el SPAM, o como se llama en los blogs, **JAM.** JAM es un término para SPAM camuflado como comentario. No aportan nada, son genéricos y suelen contener enlaces a otras páginas comerciales relacionadas con el correo basura; como venta de viagra, porno o préstamos usureros.

Biografía. Añade una página o un widget dentro del blog donde los visitantes puedan consultar quién eres. La persona detrás de los artículos. Añade los enlaces a tus otras redes públicas.

Jugador de equipo. Busca otros blogs como el tuyo. Síguelos y si puedes contáctalos. Enlázalos e intenta crear contenido conjunto. No son tus rivales, son personas como tú.

Seguidores. En algún momento empezarás a tener seguidores. Visitantes que se suscriben a tu blog para recibir avisos de nuevas actualizaciones. Esto es una gran responsabilidad. No uses sus correos para mandarles ofertas o vender su información a compañías de publicidad.

Nunca jamás publiques información sensible relacionada con la empresa para la que estés trabajando. Es irresponsable y una gran falta de profesionalidad. Para algunos artículos, que se relacionen con tu trabajo actual, deberás pedir permiso; y en los que haya un posible conflicto de intereses, pide permiso.

TIPOS DE BLOGS

Investigador. Las entradas tienen una extensión muy grande. Son idóneos para guías, manuales y trabajos de investigación. Cada entrada requiere mucho trabajo, lo que hace que aumenten mucho su valor. No atraen a muchos seguidores, pero sí a los más fieles. La tasa de rebote (visitantes que vuelven asiduamente) es muy alta. La audiencia está muy segmentada y concentrada en un tipo de sector o profesión. Mantenerlo actualizado requiere al menos, una publicación mensual.

Periodístico. Es muy útil para publicar noticias y ciertos temas en profundidad. Las entradas recogen información de diferentes fuentes. El trabajo radica en encontrarlas, clasificarlas y darle forma a un artículo en el que se recoja toda la información posible sobre ese tema. El objetivo es dar al visitante una imagen global del tema. No son tan complicados como los contenidos del investigador (que crea contenido casi de la nada); pero requieren cierto esfuerzo y actualizaciones periódicas de lo ya publicado. La periodicidad aumenta, a un artículo cada dos o tres semanas. Se pueden tratar temas diferentes, sin estar sujetos a un sector específico. Esto aumentará los visitantes, pero también su dispersión.

Consejos. Estos tipos de blogs se usan para compartir contenido muy preciso, pero escueto. Las entradas son cortas y son normalmente del tipo: "10 reglas sobre…", "5 cosas que no conocías sobre…", "7 prácticas básicas en…", etc. La periodicidad tiene que ser semanal para poder ganar visitantes. Atraerás a muchísimos, pero se centrarán en el contenido antes que en la persona que lo escribe. Son casi de usar y tirar, ya que hay mucha gente escribiendo sobre lo mismo en blogs similares.

Fusión de los anteriores. Evidentemente, un blog profesional no necesita encuadrarse en uno de los tres anteriores. Se pueden combinar artículos de las tres clases. La fusión te permitirá hablar en profundidad de aspectos profesionales en los que eres un especialista y atraer a visitantes con artículo que hablen sobre temas actuales.

Tipo	Tamaño de cada publicación	Periodicidad	Número de visitantes	Impacto y relevancia
Investigador	Extensa	Una vez al mes/ cada 3 semanas	Bajo, pero con una alta tasa de rebote (visitantes muy fieles)	Máximo. El contenido es de alta calidad. La audiencia está muy concentrada y segmentada
Periodístico	Media / amplia	Dos veces al mes	Medio	Alta. El contenido es fuente de fuentes. Buen valor para la audiencia. Aunque la audiencia se dispersa y no está tan segmentada
Consejos / Listas	Corta	Cada semana	Alto, pero con una tasa baja de rebote (visitantes poco fieles)	Bajo. Muchos escriben sobre lo mismo. Es difícil diferenciare de ellos

10 EL IMPACTO

Una de las problemáticas con las que vamos a tener que lidiar es saber a **qué hora** y **qué día** publicar para tener máximo alcance.

Pues bien, hay varias páginas que publican estudios, pero de entres ellas, el más completo es el de **Bitly**, que es un servicio gratuito para acortar los enlaces y que ocupen menos caracteres (muy utilizado para Twitter).

Este estudio publica dos valores, uno de **máxima conexión** (en qué momento del día están conectados los usuarios) y otro de **máximo alcance** (número máximo de veces que se comparte nuestra publicación en las 24 horas siguientes).

Twitter:

Máximo alcance: de la una a las tres de la tarde; de lunes a jueves
Máxima conexión: desde las 9 de la mañana hasta las 3 de la tarde; de lunes a jueves.

No molestarse en publicar a partir de las 3 de la tarde del viernes. Twitter no funciona bien los fines de semana.

Facebook:

Máximo alcance: de la una a las cuatro de la tarde; de lunes a jueves. El pico máximo es el miércoles a las tres de la tarde. Máxima conexión: desde las 1 de la tarde hasta las 3 de la tarde, y a las 7 de la tarde; de martes a jueves.

Resto de Redes:

Dependerá del tipo de Red y del sentido común. Lo primero es recordar la diferencia horaria. Si nuestros seguidores están en Latinoamérica pero publicamos desde España, hay que publicar adaptándose a sus horarios; o repetir la publicación (una a las 1 de la tarde hora local, y otra a las 1 de la tarde hora de allí).

LinkedIn es una red profesional, así que es mejor publicar un poco antes de su uso masivo (durante la jornada laboral).

Una entrada en el blog tendrá más seguidores e impacto si se publica en los primeros días de la semana (lunes, martes y miércoles).

Para todas las demás hay que usar el sentido común. Poco a poco, podremos ver qué hacen los usuarios y cuándo lo hacen; para poder adaptarnos a esos tiempos.

11 EL PERFIL DE PERFILES

Ya estás en 4 ó 5 redes sociales. Te has creado tu propio blog y estás empezando a compartir contenido en Internet. Estas comenzando a tener seguidores y a aumentar tu red de contactos.

¿Qué viene ahora?
El siguiente paso es crearte tu propia página web.

Es muy fácil crear una web usando una plantilla HTML o a través de un tema de Wordpress. Pero es totalmente comprensible que la tarea, al principio, de un poco de miedo.

RECOMENDACIÓN PERSONAL

Mi recomendación personal es que compres una plantilla HTML que sea "responsive" (se ajusta al tamaño de pantalla del dispositivo automáticamente). Puedes encontrarlas en mercados online como themefores. El coste es muy bajo. Por 10-20€ puedes encontrar plantillas muy completas y visualmente atrayentes (un solo pago).

El servicio de hosting, más el dominio .com, y la posibilidad de tener cuentas de correo personalizadas tampoco es alto. Estamos hablando de entre 20-35€ anuales (dependiendo del proveedor). Eso es todo. El resto es tiempo (nuestro tiempo) y las ganas que le pongamos.

De todas maneras, este libro no va sobre **cómo de difícil puede ser**, sino de **cómo de fácil puede ser.** ¿Cómo podemos escribir más sobre nosotros mismos y referenciar en una única web todos nuestros otros perfiles? ¿Hay algún servicio o herramienta? ¿Es gratis?

La solución es un **perfil de perfiles.**

Un perfil de perfiles es un servicio que te provee con una solución ya semi-creada. También le añaden el valor del posicionamiento online. Hay muchas. Aquí nos vamos a centrar en tres de ellas (las más usadas) y veremos sus pros y son contras

ABOUT.ME

Se trata de una solución muy simple y elegante. El sitio ofrece a los usuarios registrados una plataforma sencilla desde la que se pueden vincular todos nuestros otros perfiles sociales: Facebook, Flickr, Google +, LinkedIn, Twitter, Tumblr, y YouTube. Se caracteriza por sus de una página de perfiles de usuario, con la posibilidad de insertar una imagen en alta definición de fondo y otra más pequeña para el extracto.

Es ideal para una breve descripción. Un visitante puede ver todas tus actualizaciones del usuario (de los perfiles que haya integrado. Puede también contactar con el usuario; a través de About.me (si el visitante también es usuario) o simplemente, a través del perfil que más le convenga de los que tenga publicado el usuario.

Esta página tiene una capacidad inigualable para el SEO posicionamiento. Es la mejor de todas las páginas de perfil de perfiles.

Probablemente, About.me aparecerá antes que la mayoría de los perfiles del usuario en una búsqueda en Google de su nombre (sólo por detrás de LinkedIn).

Además no es considerada una red informal y tiene buena imagen.

Una opción muy interesante es la posibilidad de crear un botón personalizado. Entre ellos, el botón "Contráteme". Al hacer clic en él, se abre una segunda página en la que el usuario puede mostrar en más detalle sus datos profesionales (tomados de LinkedIn).

Es muy popular en los EE.UU., y es el complemento perfecto para Twitter (utilizar About.me para la descripción breve perfil de la cuenta de Twitter).

Es una plataforma gratuita. Hay una versión de pago, donde se puede comprar el dominio .me (desapareciendo el About.me). Es decir, pasaría de http://about.me/tunombre a http://tunombre.me También elimina los logos y marcas de About.me.

¿Vale la pena? Si quieres tener tu dominio personalizado, que sea .com.

La versión gratuita ya es bastante buena. El formato es muy simple, fácil de manejar, cambiar y actualizar. Es atractivo y visualmente muy logrado. Pero es corto en funcionalidades.

Eso sí, para lograr el posicionamiento de nuestra web personal al mismo nivel que el perfil de About.me vamos a tener que trabajar mucho.

Si sólo queremos una web simple, que nos posicione y

sirva de presentación, valdrá la pena pagar el servicio Premium

STRIKINGLY.COM

Strikingly es un creador de páginas web. Posiblemente es mejor en cuanto al manejo que puedas encontrar. El tipo de temas que usa para la construcción de una página web es el ya archiusado vertical. Básicamente diseñado para tablets y smartphones. Se autoajusta y el contenido se muestra deslizando hacia abajo.

Se personaliza en la misma web y no hace falta ningún conocimiento de código.

Permite crear secciones, añadir fotografías, videos y extractos. Tendrás una página con un relativo look profesional en cuestión de minutos. Y por supuesto, gratis.

Sólo tiene un inconveniente (aunque es uno muy grande): el tema en sí mismo.

Las páginas en las que el contenido se muestra desplazando hacia abajo se han convertido en el nuevo estándar. Y por tanto, aburridas. No hay nada nuevo. Ninguna posibilidad de diferenciarte del resto.

No me mal interpretes. Tener tu propia web, aunque no destaque del resto es mejor que no tenerla.

Existe (como no), la posibilidad de tener una versión Premium, donde tener además tu propio dominio y correos electrónicos personalizados. El precio, 96 dólares. **Anuales**.

Esto es más que suficiente para plantearte seriamente crearte tu propia página web y contratar tú mismo el hosting donde colgarla. Modificar una plantilla (que cuesta menos de 20€ para toda la vida) no es tan complicado. Sólo necesitas unas nociones básicas de html5. Y es muy fácil encontrar cientos de tutoriales en internet que te ayudarán a hacerlo.

El seo posicionamiento es muy malo. Y además, usar un dominio compuesto tan rato en español (tunombredeusuario.strikingly.com), va a dificultar a los demás recordarlo.

Si quieres una plantilla vertical, con apariencia profesional, simple y muy rápida de construir, esta es tu mejor opción. Pero si de verdad quieres algo diferente, hay mejores opciones.

4ORMAT.COM

4ormat es un creador de portafolios profesionales online. Tiene decenas de plantillas diferentes y todas son autoajustables al dispositivo en el que se visualicen.

Al igual que con Strikingly, puedes crear diferentes secciones, en las que mostrar tu trabajo, habilidades, publicaciones y otros contactos en redes sociales. La gran diferencia es la personalización. No hay dos temas iguales y puedes conseguir diferenciarte del resto con una página realmente atractiva.

El seo posicionamiento es bueno. No a la altura de about.me; pero casi.

¿La gran desventaja? 4ormat está orientada más a diseñadores gráficos y a los creadores de contenido visual (fotografías, fotolitos, imágenes, bosquejos, etc.) Si el contenido que creas y quieres mostrar no es de este tipo, 4ormat no es tu mejor opción.

También tiene una versión Premium, de 70 dólares al año. A cambio de esta membrecía, 4ormat te ofrece un dominio personalizado, un subdominio, un servicio de blog e integración con otras redes sociales.

12   HOOTSUITE

Llegado a este punto, estás listo para empezar a conectar, comunicar y compartir contenido con tu público objetivo. Ahora tienes tus perfiles listos, tanto en LinkedIn, Twitter y Facebook. Además de tu blog y tu web personal.

¿Cómo puedo manejar todo eso? ¿Cómo puedo estar al día? ¿Cómo puedo estar al tanto de todo lo que se cuece en mis redes?

Ya sabías que potenciar la imagen de marca personal podía ser un trabajo arduo; y que había que estar dispuesto a dedicarle tiempo para estar *en la onda*. Pero empieza a parecer que va a ser imposible, ¿verdad? ¿Cuántas horas vas a necesitar sólo para chequear qué han escrito o publicado tus contactos? Parece una tarea de **24 horas al día.**

Pero no puedes esperar que te escuchen si tú no estás

dispuesto a hacerlo con los demás.
Quieres que la gente lea tu trabajo, lo comparta, te pregunte, responda a las conversaciones o las empiece. Y el problema es, que para que eso pase, tienes que hacer tú lo mismo.

Pregunta: Controlar todo esto requiere mucho más tiempo del que tengo o puedo dedicarle y no sé por dónde empezar. ¿Hay alguna herramienta que pueda ayudarme?
Respuesta: Sí. Existen una serie de herramientas para este propósito. Se denominan Gestores de Redes Sociales, también conocidos por sus siglas en inglés SMMS **(Social Media Management System).**

Y el mejor, de largo, es **Hootsuite** (http://hootsuite.com/).
Hootsuite es un SMMS genial para la gestión de marca (tanto de empresa como personal). La interfaz de usuario del sistema tiene la forma de un panel de control, y soporta la integración de redes sociales como Twitter, Facebook, LinkedIn, Google+, Foursquare, MySpace y Wordpress. Además, permite instalar aplicaciones (llamadas integraciones) disponibles en su directorio de aplicaciones (como Instagram, Reddit, Blogger o YouTube). Hootsuite no tiene aplicación de sobremesa, sino que está basada en el entorno web y es accesible desde cualquier parte (siempre que haya acceso a internet). En Hootsuite puedes ver todos tus perfiles sociales en tiempo real y a la vez donde se puede ver todos sus perfiles en línea a la vez.

Y se pone mejor

Si ya tienes una cuenta de Twitter, puedes usarla para

entrar en Hootsuite; sin necesidad de crear un nuevo perfil.

La versión gratuita de la plataforma te permite añadir **tres perfiles sociales diferentes** (hasta hace poco permitía cinco). De cualquier forma, es más que suficiente para **iniciar nuestra estrategia de Imagen de Marca Personal.** Puedes organizar el panel de control por escritorios. En cada uno puedes agregar tantas columnas como necesites.

MI consejo es que crees una columna para cada red (Twitter, LinkedIn y Facebook/Google Plus).

Para cada uno, elige las columnas. Por ejemplo, para Twitter puedes añadir menciones, mensajes directos, últimos tweets de tus contactos, marcados como favoritos, compartidos, búsquedas, retweets o listas.

De tal forma que desagregas en columnas que ves de una sola pasada toda la información que necesitas.

Puedes programar las publicaciones. Y esto sí que es un gran alivio. Si estás trabajando, de viaje o simplemente tomándote un descanso; no vas a tener (ni vas a querer) meterte en las redes sociales. Además, como hemos visto anteriormente, en el caso del trabajo, no estaría bien visto. Sin embargo, hay ciertas horas en las que la publicación obtendría mayor impacto.

Con Hootsuite puedes programar las publicaciones, ver cómo quedarán, e incluso en qué redes publicarlas simultáneamente. Todo desde un mismo lugar. **Escribe uno, publica en tres.**

Las listas de Twitter. Las listas que se crean en Twitter pueden verse directamente en una columna en tu panel de control. Así que puedes ver qué está pasando y qué han titeado todos los contactos de esa lista. Esto simplifica muchísimo el trabajo y te va a permitir explotar al máximo las listas en Twitter y todas las ventajas que veíamos antes.

Notificaciones. Otra de las ventajas que ofrece Hootsuite es tener todas las notificaciones en un mismo lugar.

Búsquedas personalizadas. Crea una pestaña para búsquedas, dónde puedes insertar un campo búsqueda (usando las palabras claves que tú elijas) de todas las redes. De esta forma puedes monitorizar tendencias de varias redes, temas y colectivos simultáneamente.

Al final, todo es cuestión de **control y orden**. Un gestor de redes sociales ahorra tiempo y asiste en el seguimiento de la actividad social.

13 OTRAS REDES SOCIALES

Hay muchas otras redes sociales que pueden resultarte muy interesantes. Algunas de ellas se centran en un sector o campo (comercio exterior, el diseño, microblogging, las noticias medios de comunicación, etc.) y otras son simplemente, específicas para un determinado idioma o país.

Sólo tú puedes saber en cuales de ellas te interesa estar. Tendrán que ajustarte a la estrategia que hayas trazado y a tu público objetivo. Aquí te muestro algunas de las más importantes:

Bebo (www.bebo.com): Bebo es una red social lanzada en 2005. El sitio web ha evolucionado para ser un sitio exclusivamente para móviles, con tres aplicaciones lanzadas bajo la marca BEBO. Fue vendida en 2008 y recomprada en 2013 por los anteriores propietarios. Bebe fue muy popular en el Reino Unido e Irlanda

Digg (www.digg.com): Digg es un agregador de noticias de corte científico y tecnológico. Incorpora un control editorial en la página principal. No tiene jerarquías de organización. Los usuarios envían relatos de noticias y recomendaciones de páginas web y los ponen a disposición de la comunidad, quien las juzgan y cuyo característico sistema valorativo se mide según la calificación de los usuarios. Se lanzó en su actual formato en Julio de 2012; con soporte para compartir en otras redes sociales, como Twitter y Facebook.

Domestika (http://www.domestika.org): Domestika es una de las redes sociales hispanohablantes más influyentes de profesionales del diseño gráfico. En Domestika, los creativos y diseñadores pueden compartir sus proyectos, contribuir con sus opiniones en foros y conectar con otros profesionales del sector.

Draugiem.lv (www.draugiem.lv/): Draugiem es una red social, existente desde 2004. Es la red social con más usuarios en Letonia, con cerca de 2,6 millones de usuarios registrados.

Flickr (www.flickr.com/): Flickr es un sitio web de alojamiento de imágenes y vídeos adquirido por Yahoo. Además de ser un popular sitio web para que los usuarios compartan fotografías personales. El servicio es muy utilizado por personas que buscan imágenes y blogueros, que suben sus imágenes para poder insertarlas posteriormente en sus blogs o posts.

Foursquare (www.foursquare.com): La idea principal de la red es marcar (check-in) lugares específicos donde uno se encuentra y hacer una reseña de ellos. Esa información está disponible para que cualquier usuario la consulte. A partir de ella, al usuario también le pueden aparecer recomendaciones y lugares que puedan resultarle de interés. Y que se hallen cercanos.

Instagram (http://instagram.com/): Instagram es una red social y aplicación para compartir fotos y vídeos desde el móvil u otro dispositivo móvil. Permite a los usuarios aplicar efectos fotográficos, filtros, marcos, colores retro y vintage. Tiene soporte para compartir en otras redes sociales (Facebook, Tumblr, Flickr y Twitter). La característica que define a esta red y que rompió con la tendencia de entonces (16:9), es que da una forma cuadrada a las fotografías.

La Cancillería (www.lacancilleria.com): La Cancilleria es una red social de hispanohablantes orientada a profesionales del comercio exterior.

Mashable (www.mashable.com): Mashable una página de noticias américo-británica, centrada en noticias web, tecnología y blogs. El objetivo principal son las noticias sobre de el social media, pero también de desarrollos móviles, entretenimiento, videos online, negocios, desarrollo de webs, memes y nuevos gadgets.

Medium (https://medium.com/): Medium es el blog complemento de Twitter. Esta red social te permite contar historias sin la limitación de los 140 caracteres. Medium es muy fácil de usar. Sólo hay que registrarse con una cuenta Google o la cuenta el mismo usuario que Twitter. La red te ofrece la posibilidad de publicar artículos, ofreciendo varias plantillas y un planteamiento muy simple; de tal forma que el usuario no tiene que preocuparse de nada más que no sea contar su historia.

Menéame (http://meneame.net): Menéame es un agregador de noticias web español, basado en la participación comunitaria. Centrado en los usuarios, que descubren y comparten contenido desde cualquier lugar en Internet, mediante la presentación de enlaces e historias y voto y comentario sobre ellas. Su modelo se basa en Digg y combina marcadores sociales, blogging y sindicación Web con un sistema de publicación sin editores.

Mixi (https://mixi.jp/): Mixi es una de las redes sociales más importantes de Japón.

Nexopia (www.nexopia.com): Nexopia es una red social canadiense para gente de más de 13 años. Los usuarios pueden crearse y diseñar su propio perfil. Cuenta con un sistema de mensajería personal interno. Los usuarios públicos comentan sobre perfiles, blogs o a través de mensajes en los foros.

Odnoklassniki (http://odnoklassniki.ru/): Odnoklassniki (Одноклассники) es una red social para encontrar antiguos compañeros de clase o amigos. Es muy popular en Rusia y países de la antigua Unión Soviética. La red clama tener más de 200 millones de usuarios registrados y más de 45 millones de visitantes únicos al día.

Orkut (http://orkut.com/): Orkut es una red social propiedad de Google. Está orientada a los países de India y Brasil. El servicio que ofrecen es el de ponerse en contacto con antiguos amigos, compañeros de clase o simplemente, otra forma de conectar con las relaciones existentes.

Pinterest (www.pinterest.com): Pinterest es una red social que permite a los usuarios guardar y clasificar imágenes por categorías en diferentes listas. Los usuarios pueden buscar a otros con sus mismos gustos e intereses o buscar "colecciones" para añadir a si "tablero" usando un sistema de "pines". Este sistema es muy utilizado para planificar viajes, salvar artículos, recetas, imágenes de productos y demás. A nivel global, el sitio es muy popular entre las mujeres, que acaparan el 80% de usuarios (según último dato público de mayo de 2013).

Reddit (http://www.reddit.com/): Reddit es un servicio de redes sociales, entretenimiento y el sitio web de noticias donde los miembros registrados pueden enviar contenido (mensajes o enlaces directos). Sólo los usuarios registrados pueden votar presentaciones usando el sistema de "pulgar arriba" o "abajo". De esta forma, organizan los mensajes y determinar su posición en las páginas del sitio. Las entradas se organizan por áreas de interés denominadas "subreddits".

Slideshare (www.slideshare.net): SlideShare es una web 2.0, que ofrece almacenamiento de presentaciones. Los usuarios pueden subir y publicar sus propias presentaciones sobre cualquier tema. Las pueden compartir de forma pública o privada; usando diferentes formatos como fuente: PowerPoint, PDF, Keynote o presentaciones de OpenDocument.

Smarterer (http://smarterer.com/): Smarterer es una plataforma de pruebas de habilidad en línea. Según ellos: "Desde 2010, cientos de miles de usuarios Smarterers han tomado más de 2 millones de pruebas de habilidad, respondiendo a más de 29 millones de preguntas para probar sus habilidades." El usuario que realiza una prueba de habilidad obtendrá una puntuación, la cual podrá añadir a su perfil a forma de validación de actitud.

The Renren Network (http://renren.com/): También conocida como Xiaonei Network. Es una red social china. Se la ha llamado de igual manera el Facebook de China. Es una red muy popular entre estudiantes de universidad.

Tumblr (https://tumblr.com/): Tumblr es una plataforma de microblogging y red social. El servicio permite a los usuarios publicar contenido multimedia en un formato de blog corto. Los usuarios pueden seguir los blogs de otros usuarios, así como hacer su blogs privados. Tumblr enlaza blogs por temáticas, de tal manera que un usuario encontrará post de otros muchos usuarios sobre una misma temática.

Vimeo (www.vimeo.com/): Vimeo es un sitio web para compartir videos entre usuarios y en otras redes sociales. Es muy similar a YouTube. La principal diferencia es que los videos se pueden categorizar en videos para "todos los públicos", "adultos" o "sin categorizar".

Vine (https://vine.co/): Vine es una aplicación móvil propiedad de Twitter, que permite a sus usuarios crear y publicar breves clips de vídeo en bucle. Los clips de vídeo creados con Vine tienen una longitud máxima de seis segundos. Se pueden compartir en la red social Vine o en otros servicios como Twitter y Facebook.

VK (https://vk.com/): VK (Vkontakte) es la segunda red social más grande de Europa después de Facebook. Está disponible en múltiples idiomas. Es una red especialmente popular entre los ruso-parlantes alrededor del mundo.

Weibo (http://weibo.com/): Weibo es una palabra china que significa "microblog". Webo es el servicio de mircro-bloggin en China, incluyendo una plataforma de chat social y otra para compartir contenido.

Xing: (www.xing.com): Es una red social para profesionales. Similar a LinkedIn, aunque la versión gratuita es más restringida. Es una red muy utilizada en los países y territorios germano parlantes.

YouTube (www.YouTube.com): YouTube es la web para subir y compartir videos propiedad de Google desde finales de 2006. Los usuarios pueden crear su propio canal, y subir videos que agrupar por listas. Además ofrece herramientas de edición para los videos (insertar notas, subtítulos, más pistas de audios, etc.).

YouTube ofrece además integración con otras plataformas y redes sociales (Wordpress, Facebook, Twitter, etc.).

14 GUÍA DE ESTILO

Crear contenidos **es muy difícil**. No por su complicación técnica en algunas ocasiones; sino porque hay que dedicarle tiempo. El autor elige usar su tiempo en crear algo para compartir. No hablo sólo de texto (artículos), sino de infografías, imágenes, guías, diapositivas, composiciones, audios y sonidos, etc.

Parte de ser social, es compartir el contenido de otros. Así que es **absolutamente necesario** seguir una serie de reglas al compartir material de un tercero. Hazlo bien y crearás una situación de **ganar-ganar** para ambos.

1. ASEGÚRATE QUE LA INFORMACIÓN PUEDE SER COMPARTIDA

Esto cobra máxima importancia cuando se comparte contenido de amigos o de otros usuarios que nos lo han dado específicamente a nosotros. Pregúntales si puedes compartirlo antes de hacerlo. A lo mejor sólo es una frase o una imagen, pero si el autor no la tiene forma pública, tal vez no quiera que se divulgue.

2. NOMBRA AL AUTOR Y LA FUENTE

Sé claro con tus seguidores siempre. No mientras y diles de dónde has conseguido y a quién pertenece esa información o contenido.

Las fuentes importan. Recuerda que una buena fuente está **actualizada, es relevante y fiable**. Si tienes buenas fuentes, darás buena información.

3. USA LOS BOTONES DE COMPARTIR

Usa los botones y herramientas específicos para compartir. Especialmente importante para imágenes.

No copies y te pegues en tu paint una imagen de otra persona. No las descargues para modificarlas y publicarlas como tuyas. No tienes derecho. Aunque las imágenes tengan el logo y el link del autor. La razón es simple: no se puede posicionar. El posicionamiento se basa en links. Cuantos más links al contenido del autor, más relevancia adquiere (mejor SEO). Cuando copias y pegas una imagen y la subes de nuevo con otro link, estás matando el posicionamiento previo y haciéndole competencia. Estás posicionando la imagen pero no al autor. Incluso puedes conseguir que otros usuarios encuentren el contenido editado antes que el original. Nunca te excuses en que en la imagen va el link, ya que los buscadores no indexan lo que haya dibujado en la imagen.

4. ENLAZA A LA PUBLICACIÓN ORIGNAL.

Si vas a compartir parte de una publicación (no la totalidad de la misma); o la publicación no tiene herramientas para compartir, siempre puedes referenciar la publicación usando la dirección web y nombrando al autor. Algo así como las referencias en los libros, pero a nivel web.

5. NO COMPARTAS SI PUEDES CREAR UN PERJUICIO ECONÓMICO.

Algunas veces, el autor puede tener un acuerdo con un tercero para publicar en exclusiva en su página web o para él. Si ese contenido cae en tus manos (aunque sea público), por favor, no lo compartas (aunque cites la fuente y la procedencia). Y si te encuentras con contenido que no debería ser público o está siendo usado de forma maliciosa, intenta contactar con el autor y avisarle. Sé responsable.

15 RESUMEN DE LAS TRES GRANDES Y EL BLOG PROFESIONAL

Red Social	Facebook
Nivel de Apertura	Privada. Controlar muy bien lo que queremos hacer público
¿Qué compartir?	Fotos, noticias, enlaces y videos
¿Cuándo?	Para obtener alcance publicar al medio día. Los usuarios se conectan en sus descansos o por la tarde.

Red Social	Twitter
Nivel de Apertura	Pública Control básico de lo queremos compartir
¿Qué compartir?	Información concisa (etiquetarla con hashtags), fotos y enlaces a videos o noticias relevantes.
¿Cuándo?	Publicar por la mañana para un buen alcance. Los usuarios la utilizan durante el horario laboral y cuando van y vienen del trabajo.

Red Social	Blog/Website
Nivel de Apertura	Pública. Regular los comentarios para que no se publiquen sin tu autorización
¿Qué compartir?	Todo lo demás que no hayas podido compartir en las demás redes por extensión. Publicar tesis e investigaciones; guías y manuales.
¿Cuándo?	Publicar al menos una vez al mes.

Red Social	LinkedIn
Nivel de Apertura	Totalmente pública y en varios idiomas.
¿Qué compartir?	Noticias del sector en el que trabajemos o estemos interesados. Participar en debates y buscar grupos con nuestros intereses. Publicar proyectos que hayamos realizado o en los que estemos involucrados (información no sensible)
¿Cuándo?	Al igual que Twitter, por la mañana o al medio día. Los usuarios se suelen conectar por trabajo durante su jornada laboral o por placer al acabar esta.

16 CHECKLIST – ROADMAP

1. Reflexiona sobre estado actual de tu Marca Personal.

2. Establece unos objetivos realistas a medio y largo plazo.

3. Prepara el material previo (foto, contacto y currículo experto).

4. Crea tu gancho. La frase que te defina.

5. Inscríbete en las redes profesionales de LinkedIn y Xing. Mantenlas actualizadas

6. Haz una cuenta Twitter. Asócialas con tus otros perfiles.

7. Crea tu propio Hashtag.

8. Privatiza o gestiona la privacidad de Facebook según necesites.

9. Busca en todas las redes a personas a las seguir y grupos de interés en los que participar en temas que se relacionen con tus intereses profesionales.

10. Crea un blog y publica tus propios trabajos, estudios, manuales o guías que muestren tu grado de experiencia.

11. Cuando lleves al día las redes anteriores, busca entre las decenas de redes sociales existentes aquellas que se puedan resultarte interesarte y únete a ellas.

12. Aporta información periódica relevante (no tiene que ser extensa, pero sí de calidad).

13. Crea Networking. Fomenta el debate y el intercambio de opiniones, ideas y la comunicación.

14. Sé un líder por tus hechos, no por tus dichos.

15. Mantén un buen tono. No te metes para discutir, sino para darte a conocer y dar a conocer tu trabajo.

16. Nunca insultes ni faltes al respeto.

17. Se asertivo.

18. Mira la Marca Personal como un proyecto a largo plazo.

19. Evalúa periódicamente tus progresos y adapta la intensidad con la que usas las redes sociales para alcanzar tus objetivos.

20. Disfruta y aprende El mundo está lleno de cosas indescriptibles que sólo podemos llegar a conocer si estamos conectados.

17 ÚLTIMO AVISO A NAVEGANTES

Potenciar la marca personal es un trabajo constante. No se puede hacer de la noche a la mañana. Conlleva un período de tiempo. Por eso es muy importante mantener una actitud optimista y utilizar las herramientas que hemos visto de manera responsable y coherente. Lo más importante es mantener un buen estado de ánimo.

No utilices las redes sociales para volcar tu bilis. No seas un "trol" ni uno de esos que sólo se dedican a generar polémica.

No robes material de otros. Poco a poco aprenderás a genera contenido y valor real.

Sé equilibrado y no dejes que los demás te saquen de tus casillas. No te tomes las cosas de forma personal o a pecho; las redes sociales carecen del contacto humano al que estás habituado con tus amigos y familiares. Por la misma razón, presta atención a cómo te diriges a los demás y cómo les abordas.

La marca personal es un "trabajo voluntario", pero aún

así, es un trabajo. Trata de compartimentarlo de tu vida personal. De la misma manera que no es bueno llevarse el trabajo a casa, tampoco lo es llevarse la casa a trabajar.

Te deseo la mejor de las suertes. Espero que este libro te haya ayudado, y que si no es así, que al menos te hayas reído y pasado un buen rato.

Confía en ti mismo, planifica tu presente y diseña tu futuro

SOBRE EL AUTOR

MANUEL VERA, nacido en Córdoba, España. Es licenciado en Empresas por la Universidad de Sevilla y especializado en International Business Operations por la Cámara de Comercio y en Comercio Internacional por la EOI. Ha trabajado como gestor logístico internacional para el grupo Alter, consultor para la oficina comercial de la embajada de España en Reino Unido y posteriormente (hasta 2015) como International Manager para una empresa española.

Actualmente trabaja como consultor independiente en comercio exterior y marketing. En 2011 fundó FT20, una enciclopedia online de comercio exterior con más de 70 artículos, guías y manuales sobre procedimientos en el comercio internacional. Es autor de libros como "Armas del Trader" (2015), "How to become an honest con artist" (2014), "El precio de venta en el comercio internacional", "Guía de los Incoterms 2010" (2013), o "Selling the moto" (2013). También ha publicado para el Instituto de Comercio Exterior y escrito el manual para el curso superior en Comercio Exterior de de la empresa de formación Femxa.